Boff · Kleine Sakramentenlehre

W0192031

Ich widme dieses Büchlein dem Gebirgszug, der immer wieder mein Fenster besucht.
Manchmal brennt die Sonne auf ihn, manchmal streichelt sie ihn.
Häufig straft ihn der Regen.
Nicht selten hüllt sanft der Nebel ihn ein.
Niemals jedoch habe ich gehört, daß er sich über die Hitze oder die Kälte beklagt hätte. Noch nie hat er ein Entgelt für seine majestätische Größe verlangt. Auch will er keinen Dank. Er gibt sich einfach. Ganz umsonst.
Dabei ist er keineswegs weniger majestätisch, wenn die Sonne ihn liebkost,
als wenn der Wind ihn geißelt. Es ist ihm gleich, ob man ihn anschaut. Auch stört es ihn nicht, wenn man ihn erklimmt. Er ist
wie Gott: Er trägt alles, erleidet alles; alles
nimmt er an. Gott verhält sich wie er. Deshalb
ist der Gebirgszug ein Sakrament Gottes:
offenbart, bringt in Erinnerung, liefert Hinweise und verweist auf andere Horizonte. Da er also
so ist, widme ich ihm dankbar dieses Büchlein.
Hier soll der Versuch gemacht werden, sakramentale Sprache zu sprechen,
die er zwar nicht spricht, die er – was viel mehr bedeutet – aber selber ist.

Inhalt

1. Kapitel · Eingangstor zum Gebäude der Sakramente 9
1. Wenn Dinge anfangen zu sprechen ... 9
2. Auch der moderne Mensch ist sakramental 10
3. Sakrament: Spiel zwischen Mensch, Welt und Gott 11
4. Narrativität: Sprache des Sakraments 15

2. Kapitel · Das Sakrament des Wasserbechers 19
1. Was ist ein Sakrament? 21
2. Der Wasserbecher von außen gesehen: wissenschaftliche Sicht 22
3. Der Wasserbecher von innen gesehen: sakramentale Sicht 24

3. Kapitel · Das Sakra[illegible]ent des Zigarettenstummels 27
1. Noch einmal: Wa[illegible]st ein Sakrament? 30
2. Die Dimension d[illegible] Sakramentalität 32

4. Kapitel · Das Sakr[illegible]ent des Brotes 34
1. Sakramentales [illegible]ken: ganzheitliche Erfahrung 37
2. Im-manenz – T[illegible]zendenz – Trans-parenz 38

5. Kapitel · Das Sak[illegible]t der Weihnachtskerze 41
1. Von Gott her [illegible]n ist alles Sakrament 44
2. Sakramentale [illegible] hinweisende und offenbarende [illegible]ion 47

6. Kapitel · Das [illegible]nt der Lebensgeschichte 50
1. Noch einma[illegible]t ein Sakrament? 54
2. Von Rückb[illegible]ückblick strukturiert sich das Sakrament[illegible] 57

7. Kapitel · Da[illegible]nt des Grundschullehrers 60
1. Jesus von [illegible] Quell-Sakrament Gottes 64
2. Jesus Ch[illegible]rament der Begegnung 66

8. Kapitel · Das Sakrament des Hauses 67
1. Christus: Sakrament Gottes –
Kirche: Sakrament Christi 70
2. In der Kirche ist alles sakramental 73
9. Kapitel · Sakramentale Achsen des Lebens 75
1. Wenn in der Kirche alles Sakrament ist, weshalb
dann die sieben Sakramente? 76
a. Die Ebene des Geschichtlich-Bewußten 76
b. Die Ebene des Strukturell-Unbewußten 77
2. Die sieben Sakramente entfalten und sublimieren
die Hoch-Zeiten des Lebens 79
3. Was bedeutet die Zahl sieben? 81
*10. Kapitel · In welchem Sinn ist Jesus Christus der
Urheber der Sakramente?* 83
1. „Die Sakramente wurden von Jesus Christus
eingesetzt“ 85
2. Von den Sakramenten Gottes zu den
Sakramenten Christi 87
3. Inwiefern ist Jesus Christus nun wirklich der
Urheber der Sakramente? 89
*11. Kapitel · Das Sakrament des einmal gegebenen
Wortes* 92
1. Die Sakramente wirken ex opere operato: Wie ist
das zu verstehen? 94
2. Christus ist das Garantiewort, das Gott den
Menschen gab 97
*12. Kapitel · Das Sakrament der eingelösten Antwort
und der gefeierten Begegnung* 99
1. Sakrament als Vor-gabe Gottes und Rück-gabe
der Menschen 101
2. Sakramtentale Begegnung bedarf einer langen
Vorbereitung 102
3. Sakrament und Befreiungsprozeß 103
*13. Kapitel · Dia-bolisches und Sym-bolisches im
Universum der Sakramente* 106
1. Das sym-bolische Moment im Sakrament 108
2. Das dia-bolische Moment im Sakrament 111
14. Kapitel · Schluß: Sakramentenlehre in Thesen 114

1. Kapitel
Eingangstor zum Gebäude der Sakramente

1. Wenn Dinge anfangen zu sprechen . . .

Das vorliegende Büchlein wird nur für solche Geister verständlich sein, die – im Rahmen der modernen, technisch-wissenschaftlichen Welt – aus einem anderen als dem wissenschaftlichen Geist leben. Dieser muß es ihnen möglich machen, über die Grenzen dieser oder jener Landschaft hinwegzusehen und stets aufs neue alle Horizonte zu übersteigen. Ein derartiger Geist lebt heute in den Kellern unserer kulturellen Erfahrung. Er ist wie ein unterirdischer Fluß, der Quellen speist, die ihrerseits wiederum die Flüsse an der Oberfläche füllen. Obschon wir den Geist nicht sehen, ist er doch das Wichtigste. Denn er macht Dinge zu Menschen und vermenschlicht unsere Beziehungen zu ihnen. Er deckt den geheimen Sinn auf, der in die Dinge ein-geschrieben ist.

Der Mensch manipuliert nicht nur seine Welt. Vielmehr hat er auch die Fähigkeit, die Botschaft zu lesen, die die Welt in sich birgt und die in alle Dinge eingeschrieben ist, welche zusammen die Welt ausmachen. Antike und moderne Semiologen haben sehr genau gesehen, daß Dinge nicht nur Sachen sind, sondern auch ein System von Zeichen bilden. Sie sind Silben eines großen Alphabets,

das im Dienst einer in die Dinge ein-geschriebenen Botschaft steht, einer Botschaft, die für den, der mit offenen Augen durch die Welt geht, be-schrieben und entziffert werden kann.
Der Mensch ist das Wesen, das fähig ist, die Botschaft der Welt zu lesen. Niemals ist der Mensch Analphabet. Stattdessen ist er stets imstande, in mannigfaltigen Sprachen zu lesen und zu deuten. Leben heißt geradezu lesen und deuten.
In kurzlebigen Dingen vermag der Mensch Dauerndes zu entdecken, im Zeitlichen Ewiges und in der Welt Gott. So trans-figuriert sich Kurzlebiges in ein Zeichen für die Gegenwart des Dauernden, Zeitliches in ein Symbol für die Wirklichkeit des Ewigen und die Welt in das große Sakrament Gottes. Wenn die Dinge anfangen zu sprechen und der Mensch beginnt, ihre Stimmen zu vernehmen, dann entsteht das Gebäude der Sakramente. Auf seinem Giebel steht die Inschrift: „Alles Wirkliche ist nichts anderes als Zeichen.“ Zeichen für was? –: Für eine andere Wirklichkeit, die Wirklichkeit, die allen Dingen zugrunde liegt, Gott.

2. *Auch der moderne Mensch ist sakramental*

Wir sind nicht der Ansicht, der moderne Mensch habe das Empfinden für Symbolisches und Sakramentales verloren. Denn auch er ist ja Mensch, wie andere Menschen anderer Kulturräume. Deshalb schafft auch er Symbole, die seinem Innenleben Ausdruck verleihen, und hat die Fähigkeit, den symbolischen Sinn der Welt aufzudecken. Vielleicht ist er blind und taub geworden gegenüber einer bestimmten Art von Symbolen und sakramentalen Riten, die sich verhärtet haben und anachronistisch geworden sind. Die Schuld liegt dann auf seiten der Riten und nicht des modernen Menschen. In der Tat können wir nicht in Abrede stellen, daß sich in der Welt der christlichen Sakramente ein Prozeß ritueller Mumifizierung vollzogen hat. Denn die derzeitigen Riten sprechen kaum für und aus sich. Man muß sie immer erst erklären. Jedoch: Ein Zeichen, das erklärt werden muß, ist kein Zeichen. Was aber erklärt werden soll, ist nicht das Zeichen, sondern das Geheimnis, das im Zeichen enthalten ist. Wegen dieser Mumifizierung der Riten steht der moderne, säkularisierte Mensch argwöhnisch vor der Welt der christlichen Sakramente. Möglicherweise empfindet er die Anwandlung, sich des religiösen Symbols gänzlich zu entledigen. Wer aber solches tut, schiebt nicht nur einen bedeutenden Reichtum innerhalb der Religion beiseite, sondern schließt zugleich auch Fenster seiner eigenen Seele, denn das Symbolische und Sakramentale bilden tiefgreifende Dimensionen der menschlichen Wirklichkeit.

3. Sakrament: Spiel zwischen Mensch, Welt und Gott

Phänomenologen und Anthropologen haben eingehend das Spiel des Menschen mit der Welt beschrieben. Dieses Spiel entwickelt sich in drei aufeinanderfolgenden Ebenen. Auf einer ersten Ebene empfindet der Mensch *Befremden.* Die Dinge rufen in ihm Bewunderung und möglicherweise sogar Schrecken hervor. Deshalb untersucht er sie von allen Seiten, und langsam wird die Überraschung Erkenntnis und Gewißheit. Die zweite Ebene dieses Prozesses wird durch den Begriff *Beherrschen* gekennzeichnet. Dem Menschen gelingt es, das, was ihn befremdete, zu deuten uns somit zu beherrschen. Auf dieser Ebene ist wissenschaftliches Arbeiten angesiedelt. Diesem geht es darum, die betreffenden Phänomene in ein schlüssiges System einzuordnen und damit in den Griff zu bekommen. Schließlich *gewöhnt* sich der Mensch an die Gegenstände, die jetzt zu seiner menschlichen Landschaft dazugehören. Allerdings hat dieses Spiel Mensch und Dinge verändert. Letztere sind keine bloßen Objekte mehr. Statt dessen sind sie zu Zeichen und Symbolen von Begegnung, Anstrengung, Eroberung und menschlicher Innerlichkeit geworden. Die beherrschten Gegenstände beginnen zu sprechen und fangen an, die Geschichte des Spiels mit dem Menschen zu erzählen. Sie verwandeln sich zu Sakramenten. Die menschliche Welt, selbst in ihren materiellen und technischen Komponenten, ist nie nur materiell und technisch, sondern stets auch symbolisch und voller Sinngehalt. Wer um diesen Sachverhalt genau weiß, sind diejenigen, die mit sozialen Kommunikationsmitteln die Massen führen. Sie wissen, daß das, was die Menschen bestimmt, nicht so sehr Ideologien sind, sondern Symbole und Mythen, die vom Unbewußten der Massen her mobilisiert werden. Die Werbung stellt in der Öffentlichkeit die Zigarette XY vor. Wer sie raucht, steigt auf in die Welt der großen Stars, schöner reicher Männer mit ihren herrlichen Wohnpalästen und verführerischen Geliebten, als ob in Liebesekstase sich alle Konflikte lösten. Eine derartige Schaustellung ist rituell und symbolisch. Denn sie beruht auf der Wirkung von profanen und profanierenden Sakramenten. Diese erwecken den Eindruck, als habe man teil an einer traumvollen und vollkommenen Wirklichkeit und lasse jetzt schon diese konfliktgeladene und schwierige Welt hinter sich.

Der Mensch besitzt die außerordentliche Fähigkeit, aus einem Gegenstand ein Symbol und aus einer Handlung einen Ritus zu machen. Nehmen wir das Beispiel der Mate-Trinkpfeife. Wenn wir bei uns in Südbrasilien Besuch bekommen, bieten wir dem Gast alsbald die Trinkpfeife mit dem heißen Mate an. Dazu setzt man sich behaglich nach draußen ins Frische. Man zieht an ein und derselben Pfeife und trinkt aus ein und derselben Schale. Dabei trinkt man den Mate nicht, weil man Durst hätte, den leicht bitteren Geschmack besonders möchte oder weil Mate ‚Wunder wirkt und jede Art von Verdauungsstörungen nimmt'. Das Ganze hat einen anderen Sinn. Es geht hier um eine rituelle Handlung, mittels derer man das Beisammensein feiern und die Freundschaft kosten möchte. Im Mittelpunkt stehen nicht der Mate und die Trinkpfeife, sondern die Leute. Der Mate übt also hier eine sakramentale Funktion aus.

Paulus sah in 1 Kor 11,20–22 ganz klar: Einige kommen zum eucharistischen Mahl, allein um Hunger und Durst zu stillen. Damit haben sie den Sinn des Sakraments verfehlt. Denn wir feiern das eucharistische Mahl nicht, um den Hunger zu stillen, sondern um das Herrenmahl zu vergegenwärtigen. Dabei sind allerdings die äußeren Abläufe einmal des Essens zur Sättigung und zum anderen des Letzten Abendmahls identisch. Jedoch unterscheidet sich der Sinn. Das alltägliche Geschehen des Essens birgt einen anderen, symbolischen Sinn in sich. Die äußere Handlung macht das Sakrament aus.

Das Sakrament hat also eine tiefe anthropologische Verwurzelung. Ohne sie wäre ihm die Lebenswurzel genommen und das Spiel des Menschen mit der Welt zerstört.

Christentum versteht sich primär nicht als ein wohldurchdachtes System von Heilswahrheiten. Christentum besagt zuvörderst die Mitteilung göttlichen Lebens an die Welt. Welt, Dinge und Menschen sind durchdrungen vom Lebensatem Gottes. Die Dinge bergen das Heil und ein Geheimnis in sich. Deshalb sind sie sakramental. Daß Christen den marxistischen Materialismus ablehnen, rührt zu einem großen Teil von diesem unterschiedlichen Verständnis der Materie her. Für den Christen ist Materie nicht nur Objekt der Manipulierung und des Besitzes durch den Menschen, sondern auch Trägerin Gottes und Ort der Begegnung des Heils. Materie ist sakramental.

Diese universale Sakramentalität erreichte in Jesus Christus, dem Ursakrament Gottes, ihre größte Dichte. Als Jesus in den Himmel entrückt wurde und damit den Augen des Menschen entschwand, ging die sakramentale Dichte Christi auf die Kirche über, die das Sakrament des durch die Länge der Zeiten fortlebenden Christus ist. Das universale Sakrament der Kirche konkretisiert sich in den verschiedenen Situationen des Lebens und begründet die sakramentale Struktur, die ihren vornehmlichen Mittelpunkt in den sieben Sakramenten findet. Freilich muß angemerkt werden, daß die sieben Sakramente den sakramentalen Reichtum der Kirche nicht zur Gänze ausschöpfen. Denn alles, was sie tut, besitzt sakramentale Dichte, weil sie von ihrem Ansatz her Sakrament ist. Ebenso ist auch Gnade nicht an die sieben Hauptzeichen des Glaubens gebunden, sondern wird uns auch unter anderen sakramentalen Zeichen vermittelt. Es kann dieses das Wort eines Freundes sein, ein Artikel in der Presse, eine Botschaft, die im Raum steht, ein bittender Blick, eine Geste der Versöhnung oder eine Herausforderung, welche Armut oder Unterdrückung in dieser oder jener Situation an uns stellt.

Alles kann sakramentales Medium der göttlichen Gnade sein. Es ist Aufgabe mündigen Glaubens, in dieser Weise Heil in derart konkreten Zeichen herauszuspüren und anzunehmen. Christen müßten heute dazu erzogen werden, die Wirklichkeit des Sakraments auch über die engen Grenzen der sieben Sakramente hinaus zu sehen. Sie müßten lernen, als mündige Menschen Riten zu entwerfen und zu vollziehen, die den Einbruch der Gnade in ihr Leben und in ihre Gemeinschaft signalisieren und festlich zum Ausdruck bringen.

4. *Narrativität: Sprache des Sakraments*

Wenn ein profanes oder sakrales Sakrament aus dem Spiel des Menschen mit der Welt und mit Gott entsteht, dann ist die Struktur seiner Sprache nicht argumentativ, sondern narrativ. Die Sprache des Sakraments will weder argumentieren noch überzeugen, sondern die Geschichte der Begegnung zwischen Menschen einerseits und Dingen, Situationen und anderen Menschen anderseits feiern und erzählen. Denn es handelt sich um Dinge, Situationen und Menschen, die ihn herausgefordert haben (*pro-vocar*), sich selbst zu übersteigen, die ihn eine höhere Wirklichkeit erahnen und sie ihm gegenwärtig sein ließen (*e-vocar*) und die ihn zusammen mit anderen Menschen zur sakramentalen Begegnung mit Gott zusammengerufen haben (*con-vocar*).
Jahrhunderte hindurch war die Theologie argumentativ. Sie richtete sich an den Verstand der Menschen und wollte sie von der religiösen Wahrheit überzeugen. Freilich blieben die Erfolge gering. Nur die schon Überzeugten ließen sich insgesamt überzeugen. Man gab sich der Illusion hin, Gott, sein Heilsplan, die dem Menschen

versprochene Zukunft wie auch das Geheimnis des Gott-Menschen Jesus Christus könnten vom Menschen intellektuell angenommen werden, ohne zuvor im Leben assimiliert zu sein und den Menschen umgestaltet zu haben. Dabei vergaß man, wenigstens was Handbuchtheologie und Apologetik angeht, daß religiöse Wahrheit niemals abstrakte Formel und Ausdruck eines logischen Gedankenschlusses ist. Zunächst und grundsätzlich ist sie vielmehr gelebte Erfahrung: Der Mensch begegnet dem letztgültigen Sinn. Erst dann, im Ringen um eine kulturelle Artikulation, wird religiöse Wahrheit in eine Formel übersetzt und das in ihr enthaltene verstandesmäßige Element verdeutlicht.

Wie wir im Verlauf unserer Überlegungen sehen werden, besteht die Achse des Sakramentenbegriffs grundsätzlich im Moment der Begegnung. Im Ursprung befindet sich stets eine Geschichte, die anfängt: „Es war einmal ein Trinkbecher ... ein Stück Brot ... ein Zigarettenstummel ... ein Gott-Mensch mit Namen Jesus ... ein abendliches Mahl, zu dem er eingeladen hatte ... eine Geste der Versöhnung, die er vollzog." Deshalb ist religiöse und sakramentale Sprache, wie Religionssemiologen lehren, niemals nur beschreibend, sondern vor allem *hinweisend* und *vergegenwärtigend.* Sie berichtet eine Tatsache, erzählt ein Wunder oder beschreibt, wie Gott offenbarend in die Geschichte einbricht, um göttliche Wirklichkeit, Gottes Verhalten und die Verheißung des Heils im Menschen zum Klingen zu bringen. Dies vor allem ist bedeutungsvoll. Dafür ein Beispiel: Ich stehe vor einem Gebirgszug. Wenn ich nun seine milliardenjährige Geschichte oder seine physikalisch-chemische Zusammensetzung beschreibe, bin ich Wissenschaftler. Aber über diese – wahre – Perspektive hinaus gibt es noch eine andere Dimension. Der Gebirgszug deutet hin auf Größe, Majestät, Gewaltigkeit, Festigkeit und Ewigkeit. Er erinnert an Gott, welcher Stein genannt wurde. Der Stein steht im Dienst von Festigkeit, Gewaltigkeit, Majestät und Größe. So wird er zum Sakrament solcher Werte, die er in mir anklingen läßt. Religiöse Sprache liegt vor allem auf dieser Ebene des Hinweisens, Andeutens und Vergegenwärtigens.

Religiöse und sakramentale Sprache ist weiterhin *autoimplikativ*. Da sie nicht nur beschreibt, sondern vor allem hinweisende und vergegenwärtigende Funktion hat, schließt sie immer die erzählenden und hörenden Menschen mit ihren Dingen ein. Niemand geht unbetroffen aus. Sakramentale Sprache berührt den Menschen von innen her und führt zu einer Begegnung, die ihn und seine Welt verändert. In seinem Buch ‚Aufzeichnungen aus einem Totenhaus' schildert Dostojewski seine Befreiung. Als er das Totenhaus verlassen soll, betrachtet er die Eisen, mit denen er noch an den Füßen gefesselt ist. Mit Hammerschlägen werden sie auf dem Amboß gesprengt. Da liegen nun die in Stücke zerschlagenen Fesseln. Sie vermitteln ihm den Geschmack der Freiheit. Doch ehe er hinausgeht, besucht er noch die Palisaden und verschmutzten Zellen und verabschiedet sich von ihnen, die ihm vertraut geworden waren und brüderliche Züge angenommen hatten. Bei ihnen hatte er einen Teil seines Lebens gelassen, jetzt aber waren sie ein Teil seines Lebens geworden. Er fühlte sich all diesen Dingen verbunden, denn sie waren einfach keine bloßen Dinge mehr. Vielmehr waren sie zu Sakramenten geworden, die ihm all das Leid, die langen schlaflosen Nächte und das Verlangen nach Freiheit in Erinnerung brachten.

Schließlich ist religiöse und sakramentale Sprache *per-*

formativ, das heißt: sie führt zur Veränderung menschlicher Praxis und mobilisiert in Richtung auf Umkehr. Sie appelliert an die Betroffenen, sich in ihrem Leben zu öffnen und anderes konsequent aufzunehmen.
In der vorliegenden Studie soll der Versuch gemacht werden, narrative Sprache mit ihrer hinweisenden, auto-implikativen und performativen Dimension im Blick auf die Welt des Sakraments zu artikulieren. Dabei richtet sich unser Bemühen darauf, den religiösen Reichtum wiederzugewinnen, der in der symbolischen und sakramentalen Welt unseres täglichen Lebens enthalten ist[1]. Die Sakramente sind eben nicht Privateigentum einer ehrwürdigen Hierarchie. Vielmehr gehören sie zum menschlichen Leben konstitutiv dazu. Der Glaube sieht, wie Gnade in den einfachsten Gesten des Lebens gegenwärtig ist. Deshalb ritualisiert er sie und hebt sie auf die Ebene des Sakraments.
Die dieser Studie zugrunde liegende Absicht besteht darin, die in unserem Leben überdeckte oder profanierte sakramentale Dimension wieder aufzudecken. Wenn man wieder auf sie aufmerksam geworden ist, dann kann man die geheimnisvolle, aber wirkmächtige Gegenwart der Gnade feiern, die unsere Welt bewohnt. Gott war immer da, und zwar schon bevor wir auf die Gegenwart der Gnade aufmerksam wurden. Jetzt, da wir aufgeweckt wurden, sind wir imstande zu sehen, wie die Welt Sakrament Gottes ist. Wer die Sakramente des Lebens verstanden hat, ist ganz nahe, nein, steckt schon mitten im Leben der Sakramente.

2. *Kapitel*
Das Sakrament des Wasserbechers

Da ist ein Aluminiumbecher, einer von den alten, guten und glänzenden. Der Stiel ist entzwei. Aber das verleiht ihm einen Hauch von Altertum. Aus ihm haben die elf Kinder getrunken, von klein auf, bis sie groß waren. Er hat die Familien bei ihren vielen Umzügen immer begleitet, von der Bauernschaft ins Dorf und vom Dorf in die Stadt und von der Stadt in die Hauptstadt des Staates. Menschen wurden geboren, und Menschen starben. Der Trinkbecher nahm an allem teil, immer kam er mit. Er ist in den verschiedenen Situationen von Leben und Sterben die Kontinuität im Geheimnis des Lebens. Er besteht fort, immer glänzend und alt. Mir scheint, als er zu uns ins Haus kam, hatte er schon sein Alter, ein Alter allerdings, das Jugend bedeutet, denn es zeugt und gibt Leben. Der Aluminiumbecher ist das Hauptstück der Küche.

Jedesmal, wenn man den Becher zum Mund führt, trinkt man etwas anderes als Wasser. Was man aufnimmt, ist vielmehr Frische, liebevolle Behaglichkeit, wohlwollendes Zutrauen, die Geschichte der Familie und die Erinnerung an das Kind, das gierig den Durst stillte. Wie das Wasser auch beschaffen sein mag, in einem derartigen Becher ist es immer frisch und köstlich. Wer zu Hause durstig ist, trinkt aus diesem Becher. Als ob sie einen Ritus zelebrierten, sagen dann alle: „Es ist doch gut, aus unserem Becher zu trinken! Hier gibt's doch das beste Wasser!" Und dabei handelt es sich um das Wasser, das den Zeitungen zufolge nur schlecht aufbereitet wird. Es kommt nämlich aus dem verschmutzten Fluß der Stadt und steckt voller Chlor. Aber wegen des Bechers ist das Wasser für uns gut, gesund, frisch und köstlich.

Nach einer Reise durch die ganze Welt und einem Studium im Ausland kommt der Sohn nach Hause zurück. Er umarmt die Mutter und begrüßt die Geschwister. Nach all den Ängsten – endlich ist er wieder da. Geredet wird kaum, aber man schaut sich an, lange und eingehend. Um den anderen lieben zu können, muß man ihn nämlich zuvor in sich hineingetrunken haben. Augen, die trinken, sprechen die Sprache des Herzens. Erst nach den Augen spricht der Mund von den Oberflächlichkeiten: „Du bist aber dick geworden! Aber trotzdem bist du ein hübscher Kerl geblieben! Und richtig erwachsen bist du jetzt!" Von solcherlei Dingen spricht der Blick nicht, er spricht vom Unsagbaren der Liebe. Nur das Licht versteht das. „Mama, ich hab' Durst! Laß mich aus dem alten Becher trinken!"

Zuvor hatte der Sohn schon an so vielen Stellen Wasser getrunken, in San Pellegrino, in Deutschland, England, Frankreich und Griechenland. Wasser aus den klaren Quellen der Alpen, Tirols, der römischen Brunnen und von S. Francisco hatte er gekostet, Wasser in Ouro-Fino, Teresópolis und Petrópolis, Wasser von überall. Aber keines ist wie dieses. Jetzt bringt er einen Becher, aber nicht um den Durst des Körpers zu stillen, dazu ist ja jedes beliebige Wasser imstande, sondern den Durst nach dem Archetyp der Familie, nach dem Elternhaus. den brüderlichen, archäologischen Durst, den Durst nach den Quellen, aus denen die Dynamik des menschlichen Lebens entspringt. Einen solchen Durst vermag nur der Becher zu stillen. Der Mann trinkt gierig einen ersten Becher und leert ihn mit einem langen Seufzer wie jemand, der im Wasser ein gutes Stück weit taucht und wieder an die Oberfläche kommt. Dann trinkt er einen zweiten Becher. Ganz bedächtig. Es geht ihm darum, das Geheimnis zu kosten, das der Becher beinhaltet und bedeutet. Weshalb ist das Wasser in unserem Becher gut und köstlich, gesund und frisch? – : Weil der Becher ein Sakrament ist. Als Sakrament verleiht der Becher dem Wasser Güte, Köstlichkeit, Frische und Gesundheit.

1. Was ist ein Sakrament?

Heutzutage wissen viele Menschen nicht mehr, was ein Sakrament ist. Die Alten dagegen wußten es genau. Auch ich habe lange dazu gebraucht, das zu verstehen: Fünf Jahre lang habe ich täglich viele Stunden studiert, was in allen christlichen Sprachen – von den Tagen der Bibel bis heute – über das Sakrament geschrieben worden ist. Es war dies eine wahre geistige Schlacht, aus der 552 gedruckte und als Buch veröffentlichte Seiten entstanden.[2] Aber dies ist nicht das vorrangige Ergebnis. Nach so vielen Mühen, Zornausbrüchen, Freuden, Flüchen und Segnungen entdeckte ich, was schon immer entdeckt war. Ich erfuhr etwas handgreiflich Einleuchtendes. Sakrament ist das, was immer schon lebte und was alle Menschen erleben, was ich aber nicht wußte und was nur wenige wissen. Ich begann, die Landschaft der Dinge in Augenschein zu nehmen, die schon immer vor meiner Nase lagen. Jeder Tag steckt voller Sakramente. In den

Tiefenschichten des Alltäglichen gedeihen lebendige, erlebte und wirkliche Sakramente. Sakramente sind der Trinkbecher in unserer Familie, Mutters Polenta, der letzte Stummel einer Strohzigarette, den Vater hinterließ und den ich liebevoll aufbewahre, der alte Arbeitstisch, eine dicke Weihnachtskerze, die Blumenvase auf dem Tisch, ein Stück des Gebirgszuges, der alte steinige Weg, das alte elterliche Haus... All diese Dinge sind nicht einfach mehr Sachen. Menschen sind sie geworden. Sie sprechen zu uns, und wir sind in der Lage, ihre Stimme und ihre Botschaft zu vernehmen. Sie besitzen Innenleben und Herz, Sakramente sind sie geworden. Mit anderen Worten: sie sind Zeichen, die eine andere von ihnen zu unterscheidende, in ihnen aber präsente Wirklichkeit enthalten, darstellen, an sie erinnern, sie sichtbar machen und vermitteln.
Moderne Menschen leben zwar umgeben von Sakramenten, verfügen aber nicht über den offenen und entsprechend geschärften Blick, der notwendig ist, um sie reflektiert wahrzunehmen. Dinge werden als Dinge gesehen, das heißt: nur von außen betrachtet. Wer sie aber von innen her anschaut, entdeckt eine Spalte, durch die ein höheres Licht in sie hineinfällt. Das Licht beleuchtet die Dinge, macht sie transparent und durchsichtig. Dies wollen wir nun am Sakrament des Trinkbechers illustrieren.

2. Der Wasserbecher von außen gesehen: wissenschaftliche Sicht

Den Becher, den wir soeben geschildert haben, kann man von außen betrachten. Dann ist er ein Trinkgefäß wie alle anderen auch, allerdings wahrscheinlich um ei-

niges häßlicher, abgenutzter und unpraktischer. Da er aus Aluminium ist, interessiert er den Physiker, insofern dieser die physikalischen Komponenten des Aluminiums analysiert. Ein Wirtschaftsfachmann kann eine Reihe von Informationen zusammentragen, die Preis, Gewinnung, Produktion und Vermarktung des Aluminiums anbetreffen. Ein Historiker (setzen wir mal voraus, es handele sich um ein Trinkgefäß aus der Zeit des römischen Kaisers Augustus) wird sich mit dem Becher auf seine Weise beschäftigen, indem er ihn in Raum und Zeit einzuordnen versucht. Ein Kunsthistoriker wird ihn für ein Objekt ohne jeden ästhetischen Wert befinden. Museen werden ihn nicht wollen, weil er für sie bedeutungslos ist. Alle erwähnten Personen und Institutionen sehen in unserem Becher eine Sache. Diese Sicht ist kennzeichnend für die Erfahrungsweise unserer Zeit. Vor allem im 15. Jahrhundert begann man, alles als Sache zu verstehen, mit der man sich beschäftigen kann, indem man alle ihre sichtbaren Seiten analysiert. Seit der Zeit machen wir aus allem Ob-jekte (ob-iectum) von Untersuchung und Wissenschaft: Gott, Menschen, Geschichte, Natur. All diese Größen stellen wir (-jekt) uns gegenüber (ob-) und unterwerfen sie unserem forschenden Blick. Dabei können wir von ein und demselben Objekt Untersuchungen vieler Wissenschaftssparten anstellen. Denn es interessiert die verschiedensten Wissenschaften. Daher kommt es, daß man heute sagt, wir wüßten immer mehr über immer weniger.
Wenn wir unseren Becher nach diesem Modell untersuchen, ist er nicht mehr als ein Objekt unter vielen anderen. Dann hat er mit niemandem Geschichte gemacht und nimmt in niemandes Leben einen Stellenwert ein.

3. *Der Wasserbecher von innen gesehen: sakramentale Sicht*

Es ist denkbar, daß jemand sich für ein bestimmtes Trinkgefäß einnehmen ließ. Vielleicht hat ihn in einer endlosen Wüste ein Becher vom brennenden Durst erlöst. Oder wie in meinem Fall ging der Becher in die Geschichte meines Lebens und meiner Familie ein. Dann ist er singulär in der ganzen Welt, und es gibt kein Trinkgefäß, das ihm gleichkäme. Der Becher hat sein Rollenspiel als Ob-jekt beendet. Er ist zum Subjekt (sub-iectum) geworden und besitzt, allen aktiven Subjekten gleich, eine Geschichte, die erzählt und in Erinnerung gerufen werden kann. Jemand hat sich auf eine bis unter die Haut gehende Beziehung mit dem Becher als Ding eingelassen. Eine derartige Liebesbeziehung hat in uns einen Blick geweckt, der uns befähigt, in dem Becher einen unschätzbaren Wert zu entdecken. Deshalb bekommt er manchmal einen Namen und nimmt einen Platz in der Welt des Menschen ein. Der Becher beginnt zu sprechen. Er erzählt von meiner Kindheit und all den Gelegenheiten, an denen er mir den Durst stillte. Er spricht vom Wasser, das wir aus einem entfernten Brunnen holen mußten. Sechshundert Meter waren es von unserem Haus bis zur Wasserstelle. Der Brunnen war tief und sein Wasser jungfräulich. Das Wasser tat niemandem ein Leid an und verursachte keine Krankheit, wenn wir es holten an kalten Wintermorgen oder regnerischen Nachmittagen. Deshalb war es um so köstlicher und keuscher.

Der Becher erzählt die Geschichte unserer Familie, die er überallhin begleitet hat, in Leben und Sterben. Immer mehr wurde er zu einem Stück unserer Familie, bis er schließlich wie ein weiteres und mit Liebe umhegtes Kind war. Und noch heute steht er da, erzählt und hält in Treue und demütiger Dienstbereitschaft Erinnerungen an das Wasser wach, das uns jetzt – eben wegen des Bechers – köstlich, frisch und gut erscheint ... Dies ist die innere Sicht des Bechers. Aufgrund unserer Beziehung zu ihm wurde er zu einem Sakrament unserer Familie.

Wenn man einen Gegenstand von außen anschaut, konzentriert man sich auf ihn, beugt sich über ihn, manipuliert und verwandelt ihn. Man läßt den erwähnten Gegenstand eben nicht mehr als einen Gegenstand sein, der Objekt für Gebrauch und Miß-brauch der Menschen ist. Dies ist die wissenschaftliche Denkweise unserer Zeit. Ich behaupte nicht, sie sei schlecht; nur anders ist sie. Denn wie könnten wir unserer eigenen Welt gegenüber feindlich gesinnt sein, da sie mit ihrer wissenschaftlichen Einstellung uns das Leben erleichtert und verlängert, mit ihren staunenerregenden Instrumenten Tätigkeit und Reichweite unserer Arme, Beine und Augen ausdehnt und uns damit immer mehr zu Herren über die Natur werden läßt? Aber ist der Mensch wirklich nur dies? – : Ein Roboter, der seine Arbeit tut, ein Computer, der Informationen liefert, eine mikro- oder makroskopische Linse, die auf die Welt eingestellt ist? Oder ist er nicht vielmehr ein Wesen, das auf echt menschliche Art und Weise sich auf Dinge einzulassen, in ihnen Werte zu sehen und einen Sinn aufzuspüren vermag?

Wenn ich eine Sache von inner her betrachte, konzentriere ich mich nicht auf sie selbst, sondern auf Wert und Sinn, die sie für mich darstellt. Dann ist die betreffende Sache nicht mehr einfach eine Sache. Statt dessen wird sie zu einem Zeichen und Symbol, das mich auf etwas hinweist (e-vocar), mich herausfordert (pro-vocar) und mich zusammen mit anderen Menschen für Situationen,

Erinnerungen und Sinngehalte zusammenruft (convocar), das die Sache konkretisiert und darstellt. Sakrament bedeutet präzise jene Wirklichkeit der Welt, die – ohne aufzuhören, Welt zu sein – von einer anderen Welt spricht, d. h. von der menschlichen Welt tiefgreifender Erfahrungen, nicht hinterfragbarer Werte und erfüllender Sinngehalte des Lebens. Wer diese Denkweise begreift, öffnet sich und ist bereit, die Sakramente des Glaubens anzunehmen. Diese radikalisieren die natürlichen Sakramente, von denen wir in unserem langwierigen Alltagsleben umgeben sind.

Das Sakrament verändert die Welt: Wasser mag irgendwelches Wasser sein. Aber sobald es aus unserem sakramentalen Trinkbecher gierig getrunken wird, ist es für den, der die innere Sicht von den Dingen versteht und erlebt, köstlich, gesund, frisch und gut. Es spricht von dem Geheimnis, das in den Dingen wohnt, und vermittelt Leben.

Der Aluminiumbecher steht in seiner ruhigen Würde da in der Küche, mitten unter den verschiedensten häuslichen Gegenständen und Küchengeräten. Natürlich hat er schon sein Alter. Aber dennoch hat er, und zwar nur er, sich die ewige Jugend des Lebens erhalten. Denn nur er lebt zwischen so vielen toten Dingen. Nur er ist handelndes Subjekt zwischen so vielen Sachen. Nur er spricht zwischen so vielen stummen Gegenständen. Nur er ist Sakrament, in der Einfachheit einer häuslichen Küche.

3. Kapitel
Das Sakrament des Zigarettenstummels

In der Schublade liegt ein kleiner Schatz verborgen: ein Glasschächtelchen mit einem kleinen Zigarettenstummel. Der Tabak ist gelblich und mit Stroh umwickelt, wie man Zigaretten in Südbrasilien zu rauchen pflegt. Bis hierher gibt es nichts Außergewöhnliches zu berichten. Dennoch: Dieser unscheinbare Zigarettenstummel hat eine einzigartige Geschichte. Er wendet sich ans Herz, übersteigt Grenzen und steckt voll von unbegrenzter Erinnerung.

Es war der 11. August 1965. Deutschland, München. Ich entsinne mich genau: Draußen schienen die Häuser der herrlichen Sonne des europäischen Sommers Beifall zu klatschen, in den Parks strahlten die Blumen mit ihren prächtigen Farben, und von den Fenstern winkten sie einem heiter zu. Es ist zwei Uhr nachmittags. Nach der langen Reise bringt mir der Briefträger den ersten Brief aus der Heimat, beladen mit Sehnsucht und Hoffnung. Ungeduldig öffne ich ihn. Alle zu Hause haben geschrieben. Der Brief sieht fast wie eine Zeitung aus: „Wenn Du diese Zeilen liest, mußt Du wohl schon in München sein. Dieses Schreiben ist zugleich wie jeder andere Brief, und dennoch unterscheidet er sich von allen anderen Briefen. Er bringt Dir eine gute Botschaft, eine Nachricht, die – wenn wir sie im Licht des Glaubens betrachten – wirklich großartig ist. Gott forderte vor einigen Tagen von uns einen Liebes-, Glaubens- und Dankestribut. Er suchte unsere Familie heim. Dabei schaute er uns alle einen nach dem anderen an. Dann wählte er für sich den Vollkommensten, den Heiligsten, den Reifsten, den Besten von allen, den, der ihm am nächsten war, unseren geliebten Papa. Lieber Leonardo, Gott hat ihn uns nicht genommen, sondern noch mehr unter uns gelassen. Gott hat Papa nicht nur zu sich genommen, sondern noch mehr unter uns gelassen. Er hat ihn nicht nur den Freuden unserer Ferien entrissen, sondern noch tiefer in unser aller Erinnerung eingepflanzt. Gott hat Papa nicht unserer Gegenwart entwendet, sondern noch gegenwärtiger werden lassen. Er hat ihn nicht genommen, sondern bei uns gelassen. Papa ist nicht weggegangen, sondern angekommen. Papa ist nicht weg, sondern neu da, damit er noch mehr Vater ist, damit er heute und immer bei uns ist, hier in Brasilien bei uns allen, bei Dir in Deutschland, bei Ruy und Clodovis in Löwen und bei Waldemar in den Vereinigten Staaten.“

Der Brief fuhr fort mit Worten aller Geschwister, in denen der Tod – der mitten im Leben einen Mann von 54 Jahren getroffen hatte – als Bruder gefeiert und als Fest der Einheit begangen wurde. Der Tod vereinte unsere über vier verschiedene Länder zerstreute Familie. Aus den Tränen entstand eine tiefe gelassene Heiterkeit. Der Glaube erleuchtet den Tod und vertreibt das Absurde an ihm. Er ist *vere dies natalis* des Menschen. Deshalb feierte ich in den Katakomben des alten Klosters – in der Gegenwart so vieler Lebender der Vergangenheit, angefangen mit Wilhelm von Ockham bis hin zu dem einfachen Krankenbruder, der vor einigen Tagen für Gott geboren worden war – an den drei folgenden Tagen die Weihnachtsmesse. Sie galt jenem Mann, der weit weg in der Heimat schon sein endgültiges Geburtsfest gefeiert hatte. Die alten Glaubenstexte gewannen eine fremdartige Tiefe: „Puer natus est nobis ...“

Am folgenden Tag entdeckte ich in dem Briefumschlag, in dem ich tags zuvor die Nachricht vom Tod des Vaters erhalten hatte, ein mir vorher entgangenes Lebenszeichen des Mannes, der uns in jeder Hinsicht das Leben geschenkt hatte: den vergilbten Stummel einer Strohzigarette. Es war dies die letzte Zigarette, die Vater nur wenige Augenblicke zuvor geraucht hatte, als ihn ein Herzinfarkt aus diesem ermüdenden Dasein befreite. Die zutiefst weibliche und sakramentale Intuition einer meiner Schwestern hatte sie veranlaßt, den Zigarettenstummel in den Umschlag zu stecken.

Von diesem Augenblick an ist der Zigarettenstummel kein einfacher Zigarettenstummel mehr. Denn er wurde zu einem Sakrament, lebt, spricht von Leben und begleitet mein Leben. Seine charakteristische Farbe, sein starker Duft und das Verbrannte an der Spitze lassen ihn in unserem Leben noch angezündet sein. Deshalb ist er von unschätzbarem Wert, gehört zur Mitte des Lebens und trifft unser Innerstes. In unserer Erinnerung läßt er die Gestalt des Vaters gegenwärtig werden, der jetzt – nachdem schon einige Jahre vergangen sind – der Archetyp unserer Familie und Beziehungspunkt für die Grundwerte all unserer Geschwister geworden ist. „Aus seinem Mund haben wir gehört und von seinem Leben haben wir gelernt: Wer nicht lebt, um zu dienen, ver-dient nicht zu leben.“ Das ist die Mahnung, die wir für uns alle auf den Grabstein unseres Vaters meißeln ließen.

1. *Noch einmal: Was ist ein Sakrament?*

Jedesmal, wenn eine weltliche Wirklichkeit – ohne aufzuhören, Welt zu sein – an eine andere, von ihr verschiedene Größe erinnert, übernimmt sie eine sakramentale Funktion. Sie hört auf, Sache zu sein, und wird stattdessen zu einem Zeichen oder Symbol. Jedes Zeichen ist Zeichen *von* einer Sache oder einem Wert *für* jemanden. Als Sache kann sie absolut unbedeutend sein. Als Zeichen aber kann sie eine außerordentliche, ja unschätzbare Wertigkeit gewinnen. Das ist auch der Fall des Stummels der Strohzigarette, der als Sache weggeworfen wird. Als Symbol hingegen bewahren wir ihn als kostbaren Schatz auf.

Was macht nun diesen oder jenen Gegenstand zu einem Sakrament? Als wir das Sakrament des Wasserbechers beschrieben, hatten wir schon erkannt, daß der innere Blick des Menschen Sachen in Sakramente verwandelt. Der Umgang mit den Dingen erst schafft sie und schafft sie symbolisch neu. Wichtig ist die Zeit, die wir mit ihnen vertun, wie auch die Tatsache, daß wir sie uns aneignen und in unsere Erfahrungsgeschichte eingliedern. So vermenschlichen wir Sachen, und sie fangen an, die Sprache von Menschen zu sprechen. Sakramente offenbaren eine typische Art und Weise menschlichen Denkens. Wie es wissenschaftliches Denken gibt, so gibt es nämlich auch ein wirkliches sakramentales Denken. Wer sakramental denkt, sieht auf den ersten Blick alles *sub specie humanitatis*.

Alles offenbart das Sein des Menschen: seine geglückten oder mißglückten Experimente, kurz: die Art und Weise, wie er den vielen Darstellungsformen der Welt begegnet. Denn in derartigen Begegnungen stellt sich der

Mensch der Welt nicht auf eine neutrale, d. h. unbeteiligte Weise. Vielmehr urteilt er, entdeckt Werte, deutet und öffnet bzw. verschließt sich vor den Appellen, die an ihn herangetragen werden. Umgang und Zusammenleben mit der Welt bewirken, daß er sich seine Wohnung schafft. Nun ist die Bleibe des Menschen der Teil der Welt, den er bewältigt hat, in dem jedes Ding seinen Namen und seinen Ort hat. In der Wohnung liegen die Dinge nicht einfach herum, sondern haben teil an der menschlichen Ordnung. Sie gehören wirklich dazu, ja, sind gleichsam Familienmitglieder. So offenbaren sie, was der Mensch ist und wie er es ist. Sie erzählen von dem Bewohner und konturieren sein Bild.

Je tiefer der Mensch sich auf die Welt und besonders auf die Dinge *seiner* Welt einläßt, desto deutlicher erfährt er ihre Sakramentalität. Dann bedeutet ihm das Vaterland mehr als nur die geographische Ausdehnung seines Staates, und der Flecken Grund und Boden, auf dem er geboren wurde, wird zu mehr als nur der Ecke unseres Bundeslandes. Die Heimatstadt läßt sich nicht mehr beschreiben als die Summe ihrer Häuser und Einwohner, und das Elternhaus ist mehr als ein Gebäude aus Steinen. In all diesen Dingen verbergen sich Werte, wohnen gute und schlechte Geister und zeichnen sich die Umrisse einer menschlichen Landschaft ab. Sakramentales Denken bewirkt, daß die Wege, die wir gehen, die Berge, die wir sehen, die Flüsse, die unsere Felder bewässern, die Häuser, in denen unsere Nachbarn wohnen, und die Personen, mit denen wir zusammenleben, nicht mehr einfach Personen, Häuser, Flüsse, Berge und Wege sind, wie es sie auch sonst auf der Welt gibt. Vielmehr sind sie einzigartig und unverwechselbar und machen ein Stück unserer selbst aus. Deshalb leiden und freuen wir uns mit ihrem Schicksal. Wir finden es traurig, daß der dicke Kastanienbaum auf dem Marktplatz gefällt, und beklagen es, daß der alte Schuppen abgerissen wurde. Mit solchen Dingen stirbt nämlich etwas von uns selbst. Sie sind ja nicht mehr einfach Sachen, sondern wurden zu Sakramenten unseres gesegneten bzw. verfluchten Lebens.

2. Die Dimensionen der Sakramentalität

Alles ist Sakrament oder kann es – je nach dem Menschen und seinem Blick – wenigstens werden. In dem Maße, in dem man einen menschlichen Blick hat, sich den Dingen hingibt und die Welt in sich eindringen und zu *seiner* Welt werden läßt, offenbart sie ihre Sakramentalität. Der Mensch ist – so sagten die Klassiker – irgendwie alle Dinge. Wenn diese Feststellung wahr sein sollte, dann ist es ebenfalls wahr, daß alles für den Menschen zum Sakrament werden kann, sofern er sich nur für alle Dinge öffnet und sie in seine Wohnung aufnimmt. Besteht nicht gerade hierin die wesensmäßige Berufung des Menschen angesichts der Welt? –: sie zu vermenschlichen, sie zu seiner Bleibe zu machen und sie aus ihrer tiefen Undurchsichtigkeit herauszuholen? Besteht nicht das Medium zur Verwirklichung dieser Berufung im sakramentalen Blick? Die ganze Welt und nicht nur ein Stück von ihr wird dann zur vertrauten und lieben Heimat, in der Brüderlichkeit wohnt und Ruhe und Ordnung aller Dinge herrschen.

Könnte man nicht sagen, daß auch der Stummel einer Strohzigarette zu einem Sakrament werden kann? Er liegt hinten in der Schublade. Dann und wann wird das Glasschächtelchen geöffnet. Ein Duft strömt aus. Es entstehen die Farben einer lebendigen Vergangenheit. Natürlich enthält die Schublade nicht das Grandiosum der Gegenwart, die wir im Augenblick schaffen. Aber die Augen des Geistes sehen die väterliche Gestalt lebendig vor sich. Der Stummel der Strohzigarette läßt sie gegenwärtig werden, wie sie das Stroh schneidet, den Tabak rollt, das Feuerzeug anzündet, lang an der Zigarette zieht, unterrichtet, Zeitung liest, mit den Funken sich dabei das Hemd verbrennt, bis tief in die Nacht hinein im Büro arbeitet und dabei raucht ... und raucht. Die letzte Zigarette erlosch mit dem sterblichen Leben. Aber dennoch: Etwas brennt irgendwie noch immer, aufgrund der Zigarrette.

4. Kapitel
Das Sakrament des Brotes

Dann und wann wird bei uns zu Hause Brot gebacken. In einer großen Stadt mit ...zig Bäckereien und dazu noch in einer Etagenwohnung ist das immerhin bemerkenswert. Da gibt sich jemand dem Luxus hin, Brot zu backen. Das wäre doch nun wirklich nicht nötig! Aber das Brot ist ja auch nicht dazu bestimmt, nur den Hunger zu stillen. Denn Brotbacken spielt sich ab nach den Regeln eines alten Ritus. Es entspringt einem fundamentaleren Bedürfnis als dem, satt zu werden. Im Brotbakken wird nämlich eine archetypische Geste wiederholt. Der primitive Mensch wiederholte eine Reihe von Gesten, von Urgesten, mittels derer er sich in eine Vereinigung mit dem Ursprung der Dinge und dem verborgenen Sinn des Kosmos begab. So auch hier: Es wird ein Gestus wiederholt, der voll menschlicher Sinngebung steckt, die die unmittelbaren Bedürfnisse übersteigt.

Heutzutage wird unser Brot im engen Backofen eines Gasherdes gebacken, nicht mehr wie früher in einem gewaltigen Backofen aus Ziegelsteinen. Das Brot wird – lange – mit der Hand geknetet. Ohne Anstrengung geht's nicht, wenn man etwas zu kneten hat. Wenn das Brot schließlich fertig ist, wird es unter die zahlreichen Geschwister aufgeteilt, die jetzt alle schon außer Hause sind und selbst schon wieder Familie und Kinder haben. Allen schmeckt das Brot großartig: „Das ist Mamas Brot!“ Unser Brot hat etwas ganz Besonderes an sich, das das namen- und geschichtslose Brot aus der Bäckerei des Portugiesen[3] an der Ecke oder aus dem Supermarkt in der Stadtmitte nicht zu bieten imstande ist. Worin besteht dieses bestimmte Etwas unseres Brotes? Weshalb wird das Brot unter alle Familienmitglieder aufgeteilt? –: weil es ein sakramentales Brot ist. Obwohl Weizenmehl und Zutaten, aus denen es zubereitet wird, sich in nichts von jedwedem anderen Brot unterscheiden, ist unser Brot dennoch anders. Es ist anders, weil es eine andere menschliche Wirklichkeit anklingen läßt, die in dem von Mama gebackenem Brot zugegen ist. Denn Mama – als Witwe mit weißem Haar – versteht sich auf Urgesten des Lebens und weiß damit auch um den tiefen Sinn, den jedes Ding im Leben einer Familie in sich birgt.

Dieses Brot erweckt die Erinnerung an eine Vergangenheit, in der es noch jede Woche unter großen Mühen gebacken wurde. Elf Mäuler waren wir, die wie Vogeljunge in ihrem Nest auf Mutters Brot warteten. In der Frühe stand sie auf, die allmählich zum Symbol für die *mulier fortis* und *magna mater* wurde. Sie schüttete einen großen Berg von schneeweißem Weizenmehl auf, gab Hefe hinzu und schlug viele Eier in Mehl und Hefe. Manchmal fügte sie auch Süßkartoffeln hinzu. Dann vermengte sie alles mit ihren starken Armen und kraftvollen Händen, bis daß cin schön gleichmäßiger Teig entstand. Darüber streute sie ein wenig gröberes Maismehl. Schließlich wurde das Ganze mit einem riesigen weißen Tuch zugedeckt.

Wenn wir aufstanden, lag auf dem Tisch schon ein ganz

beachtlicher Teigberg. Wir, die Kleinen, hoben vorsichtig das Tuch an, um nach dem bauschigen und lockeren Teig zu spähen. Heimlich naschten wir mit dem Zeigefinger ein Stückchen von dem Teig, das wir dann auf dem heißen Blech des Holz-Backofens backten. Und dann die Geschichte mit dem Feuer im Backofen: Dazu war nämlich viel Brennholz nötig. Immer wieder gab es Streitereien. Wer war heute an der Reihe, Holz zu holen? Wenn dann aber das frische Brot fertig war, freuten sich alle zusammen, und Mutters Augen leuchteten in ihrem schweißüberströmten Gesicht, das sie mit der weißen Schürze abwischte.

Wie bei einem Ritual bekamen alle ein Stück. Dabei wurde das Brot nie geschnitten – bis heute –, sondern stets gebrochen. Vielleicht sollte damit an den erinnert werden, der am Brotbrechen erkannt wurde (vgl. Lk 24, 30.35).

Das Brot, dessen Teig unter Mühen gemengt, dessen Aufgehen erwartungsvoll beobachtet und das im Schweiß des Angesichts gebacken und mit Freuden gegessen wird, ist ein Grundsymbol des Lebens. Jedesmal, wenn Papa auf Reisen war, erwartete Mama ihn mit einem großen Backofen voll Brot. Und wenn er zurückkam, freute er sich – wie wir Kinder – über das frische Brot, das wir mit Käse oder italienischer Salami aßen. Dazu gab es ein gutes Glas Wein. Niemand freute sich mehr als er über dieses einfache Dasein und über die großzügige Genügsamkeit dieser ursprünglichen Nahrungsmittel der Menschheit.

Wenn jetzt das Brot in einer Etagenwohnung gebacken und unter die Geschwister verteilt wird, dann soll damit diese Geste von früher in Erinnerung gerufen werden. Freilich weiß keines von den Geschwistern um diese Absicht. Nur das Unbewußte und die Tiefenstrukturen des Lebens wissen darum. Das Brot bringt in den Bereich der bewußten Erinnerung, was in den Tiefen des Unbewußten unserer Familie verborgen liegt. Es kann immer wieder verlebendigt und jeweils neu belebt werden. Wir Geschwister halten Mutters Brot für das beste der Welt, nicht weil es nach irgendeiner Geheimformel hergestellt würde, mit der clevere Geschäftsleute riesige Gewinne machen, sondern weil es ein archetypisches und sakramentales Brot ist. Als Sakrament läßt es einen jeden von uns am Leben der Geschwister teilnehmen. Als solches spricht es das Herz an, nährt den Geist des Lebens und steckt voller Sinn, der durch die Materialität des Brotes hindurchscheint und transparent wird.

1. Sakramentales Denken: ganzheitliche Erfahrung

Wir haben schon einmal über sakramentales Denken gesprochen. Es zeichnet sich durch die Art und Weise aus, wie der Mensch die Dinge angeht, und zwar nicht als Unbeteiligter, sondern indem er Verbindungen mit ihnen herstellt und sie in sein Leben eindringen läßt. Dann beginnen die Dinge zu sprechen und Ausdrucksmöglichkeiten für ihn zu werden. Von dem Augenblick an, in dem wir etwas wirklich erfassen, gehört es zu unserer Welt. Es wird absolut einzigartig. So konnte der Kleine Prinz den fünftausend Rosen im Garten sagen, die allesamt genau so aussahen wie die einzige Rose auf seinem Planeten B 612, die er erobert hatte: „Ihr seid keineswegs meiner Rose ähnlich. Ihr seid noch gar nichts. Für euch hat sich ja noch niemand begeistert, und ihr habt ja auch noch niemanden erobert. Ihr seid, wie mein Fuchs

war. Er war ein Fuchs wie tausend andere. Aber ich habe ihn zum Freund genommen. Jetzt ist er einzig in der Welt.“ Rose wie Fuchs wurden zu Sakramenten. Beide verdeutlichen das Zusammen-leben, die Mühe, Bande herzustellen, das Warten und die vertane Zeit. Das Getreide ist für den Fuchs nutzlos. Die Weizenfelder erinnern ihn an nichts. Aber der Kleine Prinz hat einen goldenen Haarschopf ... Jetzt beginnt der goldene Weizen zu sprechen. Er wird zum Sakrament, weil er ihn an den Kleinen Prinzen erinnert. Und der Fuchs gewinnt das Rauschen im goldenen Weizenfeld lieb.
Ebenso verhält es sich mit dem Brot. Unser Brot unterscheidet sich von jedem anderen Brot in der Welt. Denn nur es erinnert mit seinem Duft, seinem unverwechselbaren Geschmack und der von Mama investierten Arbeit an unser Leben von gestern. Doch erhebt sich die Frage: Wie kann es all die Dinge in Erinnerung rufen?

2. Im-manenz – Trans-zendenz – Trans-parenz

Das Brot erinnert an etwas, was kein Brot ist und Brot trans-zendiert. Brot seinerseits ist etwas Im-manentes. Es ist und bleibt da, hat ein bestimmtes Gewicht und besteht aus bestimmten Elementen: Mehl, Eier, Wasser, Salz und Hefe. Brot hat seine undurchsichtige Dichte. Jedoch: Ein solches Brot (als im-manente Größe) vergegenwärtigt etwas, was nicht dieses Brot ist (eine transzendente Größe). Wie geschieht das? – : durch das Brot und vermittels des Brotes. Damit wird das Brot transparent für eine trans-zendente Wirklichkeit. So hat es aufgehört, etwas bloß Im-manentes zu sein, und unterscheidet sich von allen anderen Broten. Es ist anders, weil es durch sich (Im-manenz) und vermittels seiner

(Trans-parenz) an etwas erinnert und dieses gegenwärtig sein läßt, was es selbst übersteigt (Trans-zendenz). Somit wird das Brot durch-lässig, trans-parent und durch-sichtig für die Wirklichkeit von Nahrung, Hunger, Schweiß, für Mamas Mühen, für die Freude, das Brot zu brechen, und für Papas Heimkehr. Plötzlich ist die ganze Welt der Kindheit in der Wirklichkeit des Brotes und mittels der Wirklichkeit des Brotes greifbar da.

Das Sakrament schließt eine ganzheitliche Erfahrung in sich ein. Nun ist aber die Welt nicht bloß in Im-manenz und Trans-zendenz aufgeteilt. Darüber hinaus gibt es noch eine inter-mediäre Kategorie, die der Trans-parenz, die sowohl den Bereich der Im-manenz als auch den der Trans-zendenz in sich birgt. Beide Kategorien sind in ihrem wechselseitigem Verhältnis keine Gegensätze, die sich ausschließen, sondern Wirklichkeiten, die sich begegnen, sich mit-teilen und miteinander kom-munizieren. Sie durch-dringen einander, sind mit-einander verbunden, kom-biniert und verschlungen, stehen mit-einander in Kom-munikation und leben wechselseitig mit-einander. Trans-parenz heißt, scharf formuliert, folgendes: Trans-zendentes wird gegenwärtig im Immanenten, so daß letzteres durchsichtig wird für ersteres. Indem die Wirklichkeit des Trans-zendenten in den Bereich des Im-manenten eindringt, trans-figuriert es diesen und macht ihn trans-parent. Wer diesen Zusammenhang versteht, begreift, was sakramentales Denken ist und erfaßt die Strukturen des Sakraments. Wer ihn nicht versteht, begreift absolut nichts von der Welt der Symbole und Sakramente.

Das Sakrament (Trans-parenz) hat also an zwei Welten teil: an der des Trans-zendenten und der des Im-manenten. Natürlich ist diese Tatsache nicht frei von Spannungen und Risiken. So kann sich das Sakrament verimmanentisieren und damit die Transzendenz ausschließen. In diesem Fall wird es undurchsichtig und verliert den Glanz der Transzendenz, die sonst die Schwere der Materie trans-figuriert. Das Sakrament kann sich aber auch transzendentalisieren. Dann eliminiert es die Immanenz und wird irgend etwas Abstraktes. Es verliert die Konkretion, die die Immanenz sonst der Transzendenz verleiht. In beiden Fällen wird gleichermaßen die Trans-parenz der Dinge zerstört. Das Sakrament ist verdorben.

Dann und wann wird bei uns zu Hause Brot gegessen, das Mama gebacken hat. Stets wird es gebrochen, nie geschnitten. Dieses Brot ist gut wie Papas Rückkehr von seinen Reisen. Es bedeutet uns viel mehr als alle Nahrung insgesamt. Denn es ist der Ertrag von Schmerz und Freude, von der Liebe zu uns Kindern, von Überraschungen, wenn Papa mal vorzeitig heimkam, von unseren Streitereien wegen des Holzholens und vom gesättigten Magen. Unser Brot ist gut für das Herz. Es ernährt den Geist und nicht den Körper. Denn es ist ein Sakrament.

5. Kapitel
Das Sakrament der Weihnachtskerze

Draußen fiel der Schnee leicht und leise... Alle Felder waren mit einem dicken weißen Mantel bedeckt. Nur ein Meer von Schnee war noch zu sehen. Da und dort stutzte der Blick: schwarze Phantasiegebilde – die Tannen. Für einen Menschen aus den Tropen war dies natürlich ein überwältigendes Schauspiel. Es war Heiligabend. Morgen würde ich das erste Weihnachtsfest fern von zu Hause erleben. Ich empfand eine Mischung von Melancholie und Heimweh, aber zugleich auch von Erwartung und innerer Heiterkeit, die vertieft wurde von der Atmosphäre eines strengen Winters mit 22 Grad unter Null. Berchtesgaden, ein kleines Städtchen in Süddeutschland. Eine der prächtigsten Landschaften Bayerns, die nur befleckt ist durch den Namen Adolf Hitlers der dort hoch im Gebirge sein D-Haus errichten ließ, eine Art von Versteck, das er jedoch niemals benutzte.

Das kleine Franziskanerkloster im Zentrum des Städtchens scheint wie verloren in den weißen Schneemassen unter der dicken grauen Decke des undurchsichtigen Himmels. Nur der spitze Turm stößt in den schneeverhangenen Himmel vor. Den ganzen Nachmittag war ich mit einem Spazierstock in der Hand durch die geschmückten Straßen gewandert. Der Sitte des Ortes entsprechend brannten in den Fenstern Lichter – als Zeichen dafür, daß das Jesuskind kommt. Aber es kommt an jedem Haus nur einmal vorbei. Deshalb muß man gut vorbereitet sein.

Am späten Nachmittag dann hatte ich viele Beichten gehört, besonders von Franzosen, die zu dieser Zeit begannen, in den hohen Bergen der Umgebung Wintersport zu treiben. Offensichtlich wollten sie sich alle auf das Weihnachtsfest vorbereiten. Wir Patres haben da fast keine Zeit, um uns selbst vorzubereiten. Während wir den anderen bei der Vorbereitung helfen, finden wir selbst kaum Gelegenheit, Weihnachten würdig zu feiern. Wir haben ja denen zu dienen, die das Fest entsprechend begehen wollen. Während sich alle in der Messe um 18.00 Uhr dem Jesuskind in der Krippe zuwandten und sich seiner Geschichte erinnerten, hörten wir im Beichtstuhl andere Geschichten von anderen Liebesaffären. Wenn wir doch wenigstens an diesem Tag – dachte ich bei mir – alle zusammen die eine Geschichte hören könnten, die Geschichte von der Liebe in der Welt, von der Nähe Gottes, der, obschon groß und unermeßlich in seiner Ehre, klein und grenzenlos in seiner Herrlichkeit wurde!

Später, gegen 23.00 Uhr, hörten wir heftige Böllerschüsse. Zugleich leuchteten von allen Seiten helle Lichter auf, die den Schnee mit einem blauen Schein übergossen. Für die Bauern, die von den Bergen herab zur Christmette kamen, war dies in ihrer derben Einfachheit die Form, mit der sie dem Jesuskind, das lächelnd zwischen Ochs und Esel lag, ihr zärtliches Wohlwollen erwiesen. Die Mitternachtsmesse war herrlich. Bauern mit Lederhosen bis zu den Knien, dicken Strümpfen und noch schwere-

ren Schuhen sangen und spielten auf ihren Instrumenten typische bayerische Melodien. Dabei muteten sie wie die Hirten von Betlehem an, die sie wirklich hätten sein können. Als dann alles vorbei war, herrschte tiefe Stille. In den Tälern sah man kleine Lichter sich bewegen. Es waren dies die Kirchgänger, die eilig nach Hause wollten. Sie lobten Gott und danktem ihm für alles, was sie gehört und gesehen hatten. Gegen 1.30 Uhr in der Frühe geht die Klingel an der Pforte des Klosters. Eine alte Frau in einem dicken grauen Mantel und mit einer Laterne in der Hand steht in der Tür. Sie trägt ein kleines Päckchen bei sich und sagt: „Das ist für den ausländischen Paterle, der in der Christmette war". Ich wurde gerufen. Die Alte überreicht mir mit wenigen Worten das hübsch eingewickelte Päckchen: „Sie sind heute fern von Ihrer Heimat und Ihren Angehörigen. Hier ist ein kleines Geschenk für Sie. Für Sie soll heute ja auch Weihnachten sein." Sie drückte mir kräftig die Hand und verschwand in der von Schnee gesegneten Nacht.
Während mir allerlei Bilder von Weihnachten zu Hause – sehr ähnlich den Geschehnissen hier, freilich ohne den Schnee – durch den Kopf gingen, öffnete ich allein in meinem Zimmer das Päckchen. Hervor kam eine dikke, dunkelrote, von oben bis unten geprägte Kerze mit einem kräftigen metallenen Fuß. Ein Licht leuchtete auf in einsamer Nacht. Lange Schatten fielen zitternd gegen die Wand. Plötzlich war das Gefühl der Einsamkeit verschwunden. Fern von der Heimat war das Wunder einer jeden Weihnacht geschehen: Alle Menschen feiern das Fest der Brüderlichkeit. Jemand hatte die Botschaft des Christuskindes verstanden: Jesus machte aus dem Fremden einen Nächsten und aus dem Ausländer einen Bruder.

Heute noch, nach einer Reihe von Jahren, wacht auf dem Bücherbrett die Weihnachtskerze über das Weihnachtsfest. Alle Jahre in der Heiligen Nacht brennt sie – und wird immer brennen. Wenn sie leuchtet, erinnert sie an eine glückliche Nacht in Schnee und Einsamkeit. Sie läßt die Geste des Gebens, die mehr ist als eine Bewegung, in mir wach werden. Sie erinnert an das Schenken, das mehr ist als Geben. Sie vergegenwärtigt Weihnachten schlechthin mit allem, was es an Menschlichem und Göttlichem bedeutet. Meine Weihnachtskerze ist mehr als jedwede andere Kerze, so künstlerisch gestaltet sie auch sein mag. Meine Kerze ist ein weihnachtliches Sakrament.

1. Von Gott her gesehen ist alles Sakrament

Bis zu dieser Überlegung haben wir nur von menschlichen Sakramenten gesprochen. Jetzt ist es an der Zeit, auch die göttlichen Sakramente zu betrachten. Wenn man die Dinge *sub specie humanitatis* ins Auge faßt, dann signalisieren und symbolisieren sie alle den Menschen. Sie sind menschliche Sakramente. Je mehr wir die Dinge in unser Leben eindringen lassen, desto mehr offenbaren sie ihre Sakramentalität, das heißt, sie gewinnen Bedeutung und werden singulär für uns. Sie erinnern uns an die Erlebnisse, die wir mit ihnen gehabt haben. Das ist auch der Fall der Weihnachtskerze. Weihnachten ist vorüber, und das beschriebene Widerfahrnis wurde überlagert von anderen Erlebnissen. Aber die Kerze auf dem Bücherbord läßt es nicht zu, daß das Vergangene zur Vergangenheit wird. Sie weist auf es hin und ruft es in Erinnerung. Das Sakrament erlöst uns von der Vergangenheit. Ein totes Ereignis lebt. Wegen der

Kerze bleibt das Weihnachtsfest in Berchtesgaden für mich immer Gegenwart. Menschliche Sakramente erfüllen das Leben eines jeden Menschen.
Aber es gibt auch göttliche Sakramente. Der Mensch macht eine tiefe Erfahrung von Gott. Gott ist kein bloßer Begriff, den man im Katechismusunterricht gelernt hätte. Noch gleicht er der Spitze einer Pyramide, die harmonisch unser Gedankensystem nach oben abschlösse. Gott ist vielmehr eine innere Erfahrung, die an die Wurzeln der menschlichen Existenz rührt. Ohne ihn wäre alles absurd, und der Mensch verstände sich selbst und vor allem die Welt nicht mehr. Gott erscheint dem Menschen als das absolute und radikale Geheimnis, das sich in allem ankündigt, alles durchdringt und in allem aufleuchtet. Wenn Gott das einzige Absolutum ist, dann ist alles, was existiert, Offenbarung über ihn. Für den, der Gott auf diese Weise erlebt, wird die im-manente Welt trans-parent für diese göttliche und trans-zendente Wirklichkeit. Die Welt wird durch-sichtig. Deshalb sagt Irenäus: „Vor Gott ist nichts leer. Alles ist Zeichen für ihn" (Adv. haer. 4,21). Alles in der Welt spricht von Gott, seiner Schönheit, seiner Güte und seinem Geheimnis. Deshalb ist der Gebirgszug nicht bloß Gebirgszug. Vielmehr steht er im Dienst der Größe, an die er erinnert und die er verkörpert. Sonne ist mehr als Sonne. Sie ist Sakrament des göttlichen Lichtes, das vom Straßenmist bis zur majestätischen Kathedrale, vom Bettler auf der Straße bis zum Papst im Vatikan alle und alles unterschiedslos und großmütig bestrahlt. Der Mensch ist nicht nur Mensch. Er ist darüber hinaus das größte Sakrament Gottes, seiner Intelligenz, seiner Liebe und seines Geheimnisses. Jesus von Nazaret ist mehr als der Mensch aus Galiläa. Er ist zudem der Christus, das Sa-

krament des lebendigen Gottes, der in ihm Fleisch geworden ist. Die Kirche ist mehr als die Vereinigung der Getauften. Sie ist überdies das Sakrament des auferweckten Christus, der in der Geschichte gegenwärtig ist. Für den, der alles von Gott her betrachtet, ist die ganze Welt ein großes Sakrament. Jedes einzelne Ding und jedes geschichtliche Ereignis wird zu einem Sakrament Gottes und seines göttlichen Willens. Dies jedoch ist nur möglich für den, der Gott wirklich erlebt. Anderenfalls bleibt die Welt eine undurchsichtige Größe und eine rein im-manente Wirklichkeit. In dem Maße jedoch, in dem sich jemand – unter Mühen und Kämpfen – von Gott erfassen und durchdringen läßt, wird er beschenkt mit der Erfahrung der göttlichen Trans-parenz aller Dinge. Die Mystiker sind der deutlichste Beleg für diesen Sachverhalt. Franz von Assisi tauchte so tief in das Geheimnis Gottes ein, daß für ihn plötzlich alles trans-figuriert wurde. Alles spricht von Gott und von Christus: der Wurm am Wegesrand, das Lamm auf dem Feld, die Vögel in den Bäumen, das Feuer und selbst die Todesstunde, die er jetzt Schwester nennt. Gott erfüllt alles: Immanenz, Trans-parenz und Trans-zendenz. Deshalb heißt es im Epheser-Brief: „Es gibt nur einen Gott als Vater aller, der über allen (Trans-zendenz), durch alle (Trans-parenz) und in allen (Im-manenz) ist" (4,6). Mit Teilhard de Chardin, der eine vergleichbare sakramentale Sicht erlebte, können wir sagen: „Das große Geheimnis des Christentums besteht nicht so sehr im Erscheinen Gottes, sondern in der Trans-parenz Gottes im Universum. Ja, Herr, nicht nur der Strahl, der aufleuchtet, sondern der Strahl, der durchdringt. Nicht deine Epi-phanie, Jesus, sondern deine Dia-phanie" (Das göttliche Milieu 162).

2. *Sakramentale Welt: hinweisende und offenbarende Funktion*

Die Trans-parenz der Welt für Gott ist die Kategorie, die es uns ermöglicht, sakramentale Strukturen und sakramentales Denken zu verstehen. Diese Feststellung besagt, daß man Gott niemals direkt und in sich selbst erreichen kann, sondern stets in Verbindung mit der Welt und den Dingen der Welt, die ihrerseits durch-sichtig und trans-parent für ihn sind. Deshalb ist Gotteserfahrung immer eine sakramentale Erfahrung. In den Dingen widerfährt uns Gott. Das Sakrament ist Teil der Welt (Im-manenz), die aber in sich eine andere Welt trägt (Trans-zendenz): Gott. Insofern das Sakrament also Gott gegenwärtig sein läßt, hat es auch teil an dieser anderen Welt. Daraus folgt, daß das Sakrament stets eine doppelte Wertigkeit hat. Es enthält zwei Bewegungen: eine von Gott her in Richtung auf das Ding und die andere vom Ding her in Richtung auf Gott. Deshalb kann man sagen, das Sakrament habe zwei Funktionen, eine hinweisende und eine offenbarende.

In seiner *hinweisenden Funktion* zeigt und deutet der sakramentale Gegenstand auf Gott hin, der in ihm zugegen ist. Gott wird erfahren nicht *mit* dem besagten Gegenstand, sondern *in* ihm. Der sakramentale Gegenstand absorbiert nicht den auf sich gerichteten Blick des Menschen, sondern lenkt ihn auf Gott, der in ihm präsent ist. Zwar sieht der Mensch das Sakrament, doch darf er bei diesem seinem gegenständlichen Blick nicht stehenbleiben. Vielmehr hat er ihn zu trans-zendieren und darf erst in Gott ruhen, der sich ihm im Sakrament mitteilt. Dies ist in der Richtung vom Gegenstand auf Gott hin die hinweisende Funktion des Sakraments.

In seiner *offenbarenden Funktion* enthüllt, vermittelt und verdeutlicht das Sakrament Gott, der in ihm gegenwärtig ist. Die Bewegung verläuft von Gott in Richtung auf den sakramentalen Gegenstand. Gott, der in sich unsichtbar und unfaßbar ist, wird im Sakrament sichtbar und greifbar. Seine unaussprechliche Gegenwart im sakramentalen Ding bewirkt, daß dieses sich trans-figuriert und durchsichtig wird. Ohne aufzuhören, zur Welt zu gehören, wird es zum Vehikel und Instrument, das uns die Welt Gottes vermittelt. Es ist Ereignis göttlicher Transparenz und Dia-phanie. Der glaubende Mensch ist eingeladen, in das göttliche Licht einzutauchen, das in der Welt leuchtet. Das Sakrament stiehlt den Menschen nicht aus seiner Welt. Statt dessen appelliert es an ihn, tiefer und gründlicher in das Herz der Welt hineinzuschauen. Paulus sagt sinngemäß: Jeder Mensch ist aufgerufen – keiner ist ausgeschlossen, und deshalb kann sich auch keiner entschuldigen –, gründlich über die Dinge der Schöpfung nachzudenken. Wenn wir das unermüdlich tun, werden wir feststellen: Was unsichtbar erschien, das heißt ewige Macht und Göttlichkeit, beginnt, sichtbar zu werden (vgl. Röm 1,19–20). Ohne daß die Welt aufhörte, Welt zu sein, wird sie zu einem beredten Sakrament Gottes, indem sie auf Gott hindeutet und ihn offenbart. Die wesentliche Berufung des irdischen Menschen besteht darin, zu einem sakramentalen Menschen zu werden.

Wenn in jedem Jahr zu Weihnachten unsere Kerze einige Minuten lang brennt, dann erinnert sie an zwei Dinge. Einmal weist sie hin auf ein Geschehen in der Vergangenheit und erzählt von einer Geste der Brüderlichkeit. Darum rettet sie dieses Ereignis vor der Sterblichkeit der Vergangenheit und läßt es in der Gegenwart neu zum Leben erstehen. Zum anderen offenbart sie mit ihrem zitternden Schein ein Licht, das in der Nacht menschlicher Hilflosigkeit angezündet wurde, um uns zu sagen: Mensch, freue dich! Licht hat mehr Recht in der Welt als Dunkelheit. Dies ist das wahre Licht, das allen Menschen leuchtet, die in die Welt kommen. Es war schon in der Welt, und die Welt war durch-sichtig und trans-parent für Gott. Jedoch die Menschen sahen nichts. Jetzt aber, in seiner Diaphanie haben wir den Schein seiner Herrlichkeit gesehen, die Herrlichkeit des einziggeborenen Sohnes des Vaters, voll von Gnade und Wahrheit (vgl. Joh 1,9–14).

6. Kapitel
Das Sakrament der Lebensgeschichte

Es gibt Augenblicke im Leben, an denen die Betrachtung der Vergangenheit die Wahrheit über die Gegenwart ausmacht. Häufig eröffnet die Beschäftigung mit der Vergangenheit erst den Sinn und den tieferen Grund des derzeitigen Geschehens. Wenn man Vergangenes aus der Nähe ansieht, dann ist es in Wirklichkeit gar nicht mehr Vergangenes. Vielmehr wird es zu einer bestimmten Art und Weise, die Gegenwart zu leben. Ein bedeutsames Widerfahrnis in der Gegenwart öffnet eine neue Landschaft im Verständnis der Vergangenheit. Bestimmte Dinge gab es schom immer. Freilich nahm sie niemand wahr. Es fehlten nämlich die Augen dazu. Die Erfahrung der Gegenwart jedoch schafft neue Augen, die das Alte entdecken. So wird Altes neu wie der gegenwärtige Augenblick.

Dann erscheint die Vergangenheit nicht wie eine harmlose Folge von Fakten, sondern als eine logische und folgerichtige Kette. Ein geheimnisvolles Etwas verbindet die Fakten. Ein Sinn, der bisher im Fluß des Lebens verborgen war, taucht auf bis an die Oberfläche des Offenkundigen. Ein Plan tut sich langsam auf, wie wenn man die Landkarte einer bestimmten Gegend aufschlägt. Aus dem Gewirr der Angaben treten Städte, Flüsse und Straßen hervor, die die hauptsächlichen Orte miteinander verbinden. In dem Augenblick ist die Landschaft auf der Karte nicht mehr terra incognita. Für den Reisenden hat sie plötzlich Sinn gewonnen. Er kann sich bewegen, ohne den Weg zu verfehlen.

Etwa Ähnliches geschieht mit dem Leben. Es markiert bestimmte Punkte und öffnet Wege. Doch niemand weiß so recht, wohin das alles führen kann. Aber die Wege sind halt da. Plötzlich geschieht etwas sehr Wichtiges. Auf der Landkarte des Lebens taucht ein Punkt auf – wie eine große Stadt. Auf sie führen die Straßen zu. Diese werden von Flüssen gekreuzt, und Flugzeuge überqueren sie. Das Leben fängt an, Sinn zu gewinnen, weil wir jetzt auf einer wichtigen Erhebung stehen, von der aus wir die gesamte Landschaft um uns herum überblikken können und einen Bezugspunkt für alles haben. Das Leben ist zu einer folgerichtigen Kette geworden!

Eine solche Gegenwart ist eine sehr tiefe Erfahrung, lang vorbereitet, erlitten, in Krisen geläutert und gereift. Es gibt Entscheidungen, die das gesamte Leben herausfordern, auf Gedeih und Verderben. Ein Mensch hat sein Wort gegeben, hat sich fürs Leben entschieden. Ohne den Lauf seiner Existenz umzukehren, kann er das gegebene Wort nicht mehr zurücknehmen. Von dieser Entscheidung her betrachtet er die Vergangenheit. Alles läßt er noch einmal vor seinem geistigen Auge vorbeiziehen – in Funktion dieser Gegenwart: wie er empfangen wurde, wie die Mutter mit ihm schwanger ging und wie er wuchs, bis er geboren wurde. Wir entziffern den Sinn unseres Lebens von einer Vergangenheit her, die in dieser Gegenwart gipfelt.

Konkret gesprochen: Am Abend des 14. Dezember 1964 entschließen sich – in der Kraft ihrer 26 Jahre – 18 junge Männer, sich zu Priestern weihen zu lassen. Morgen wird endlich die Weihe sein! Auf diesen Tag hatten wir uns 15 Jahre lang vorbereitet. Morgen werde ich mit Christus bekleidet und mit der Kraft ausgestattet werden, ihn zu vertreten und ihm meine Gegenwart, meine Stimme, meine Gesten und meinen Körper zu leihen. Der Mensch ist erschüttert, und zwar um so mehr, als er sich in die Bedeutung eines derartigen geheimnisvollen Wagemuts vertieft und sich des Abgrundes bewußt wird, der zwischen einem Sünder und einem Heiligen besteht. Im Schauspiel des Lebens wird er die Rolle Christi darstellen. Wie in jedem Theaterstück ist auch dieses Rollenspiel todernst. – Die Weihehandlung ist vorüber. Wir haben den Ausbruch des Geheimnisvollen überlebt. Eine Woche darauf feiern wir unsere Primiz oder die erste feierliche Messe zu Hause bei den Verwandten und Freunden, wo alles seinen Anfang nahm.

Alle kommen. In den Augen ein respektvoller Glanz. Ursprüngliche Archetypen werden lebendig: Alle Welt scheut sich, sich dem zu nähern, der geweiht worden ist. Aber der Familien-Archetyp bricht das Tabu. Kommentare werden laut, vor allem aus dem Munde der älteren Tanten, die das Kleinkind – das jetzt der Neupriester ist – auf dem Arm getragen und die ersten kindlichen Lausbubenstreiche miterlebt haben. „Ich hab's schon immer gesagt: Als Kind bereits hatte er einen Hang zum Priestertum. Schon mit fünf Jahren feierte er die Messe mit einem alten Umhang um die Schultern, und predigen tat er für die kleinen Geschwister!" Ein alter Angestellter erinnert sich: „Einmal ist er auf einen Baumstumpf geklettert. Von dort aus hat er eine Predigt gehalten – wie ein Kapuziner. Einen seiner Brüder hat er sogar in die Hölle verdammt. Der aber ließ sich das nicht gefallen.

Der Prediger fiel von seinem Baumstumpf und wurde ganz klein. Er mußte sogar am Bein operiert werden.“ Jeder der Gäste weiß etwas zu berichten, und der eine knüpft an die Geschichte des anderen seine Erzählung. So entsteht eine Lebenskette, die schließlich am Tage der Primiz zu ihrem Höhepunkt kommt.

Ich selbst erinnere mich nur an den 9. Mai 1949. Bis zu diesem Tag hatte ich nie daran gedacht, Priester zu werden. Denn in unserer Familie herrschte eine gesunde antiklerikale Tradition, die wir alle als kostbares Erbe bis heute weitergepflegt haben. Da kommt ein Priester zu uns ins Dorf, aus Rio de Janeiro, spricht von Priesternachwuchs, vom heiligen Fransziskus, vom heiligen Antonius und von der Größe, ein anderer Christus auf Erden zu sein. Und dann schlug er zu, wie auf einer Versteigerung: „Wer Priester werden will, Hand hoch!“ Ich hörte alles und spürte eine unbeschreibliche Hitze in mir. Ein Feuer brannte mir im Gesicht und machte zu einer Ewigkeit den kurzen Augenblick zwischen der Frage und der Antwort durch das Erheben der Hand. Jemand in mir hob meinen Arm. Mein Name wurde notiert, Vaters dazu. Zu Hause dann habe ich darüber geweint, daß ich das getan hatte. Warum nur Priester werden? Ich wollte doch Lastwagenfahrer werden; das war doch der erhabenste Beruf überhaupt; Lastwagenfahrer lenkten und beherrschten echte Monstren, die für uns so alte Lastwagen nun einmal waren! Aber ich hatte ein Wort gesprochen und damit mein Leben bestimmt.

Also kam ich ins Seminar. Nach und nach wuchsen die Bande. Erst heute jedoch, am 14. Dezember 1964, vermag ich sie zusammenzuführen. Mein Gott, sie bilden ja eine Kette! Noch hallen die Worte wider, die wir alle gesprochen haben: „Herr, in der Einfachheit meines Herzens habe ich dir freudig alles angeboten ..." Und das Volk, das um uns herumstand, sagte: „Herr, bewahre ihnen diesen heiligen Willen!" Unser Leben entwickelt sich aus Rückblicken auf die Vergangenheit. Jede wichtige Entscheidung in der Gegenwart öffnet neue Betrachtungsweisen der Vergangenheit. Jedes Ereignis gewinnt Sinn, indem es zu einem geheimen Leitfaden wird, der langsam die Zukunft herbeiträgt, welche ihrerseits nun Gegenwart geworden ist. Das vergangene Ereignis antizipiert die Zukunft, bereitet sie vor und symbolisiert sie. Damit gewinnt es sakramentalen Charakter.

1. Noch einmal: Was ist ein Sakrament?

Sakrament ist alles, sofern es von Gott her und in seinem Licht gesehen wird: Welt, Menschen und jedes Ding können Zeichen und Symbol des Transzendenten sein. Für die Urkirche war Sakrament insbesondere die menschliche Geschichte, innerhalb derer sich der Heilsplan Gottes und die Annahme bzw. Ablehnung der Gnade seitens des Menschen vollziehen. Der Sinn der Ereignisse trägt einen transzendenten Sinn in sich und verkörpert den Heilsplan Gottes. Auf der anderen Seite ist die Geschichte der Barbareien, das heißt die Antigeschichte von Gedemütigten und ungerecht Beleidigten, Ausdruck dafür, daß die Menschen das Heilsangebot ablehnen. Geschichtliche Fakten werden somit insgesamt zu Bildern sei es des Heils, sei es des Verderbens. Sie sind also Sakramente, die Scheitern bzw. Rettung bedeuten und vergegenwärtigen. Die ganze Geschichte nimmt als große Sinneinheit sakramentalen Charakter an.
Auch die Akte, in denen sich diese Geschichte konkretisiert, gewinnen sakramentalen Charakter; nicht ausge-

nommen sind dabei all die Geschehnisse, die unser tägliches Leben ausmachen. So wird zu einem Sakrament zum Beispiel der Kampf eines Volkes um seine Befreiung, die Arbeiterbewegung, die mit Blut und Schweiß die Grundrechte für die Werktätigen errang, die Freude der Bevölkerung eines Stadtteils über die Einrichtung öffentlicher Dienste, als da sind: Schule, ärztliche Betreuung, elektrisches Licht oder Wasser. In all diesen Geschehnissen wird etwas vom Reich Gottes verkörpert und von der definitiven Erlösung antizipiert.

Das jüdische Volk handhabte diese Deutung der menschlichen Geschichte meisterlich, indem es sie als Geschichte des Heils bzw. des Unheils verstand. Von einer höchst bedeutsamen und entscheidenden Erfahrung blickte es stets aufs neue auf seine Vergangenheit zurück. So entstand eine neue Synthese, in der das gegenwärtige Ereignis sich schon in der Vergangenheit allmählich ankündigte, vorbereitet wurde und immer klarere Konturen annahm, bis es ganz deutlich in die derzeitige Erfahrung des Glaubens einbrach. Vergangenheit ist Sakrament der Gegenwart. Dafür ein Beispiel:

Unter den Königen David und Salomo eroberte Israel endgültig das Land Kanaan. Jetzt herrscht Frieden. Das Volk genießt Ruhe und Ordnung. Gegen das Jahr 950 v. Chr. taucht unter dem König Salomo eines der größten theologischen Genies der Geschichte auf, der Jahwist (so genannt, weil er in seinen Schriften Gott immer als Jahwe bezeichnet). Dieser deutet den gegenwärtigen Frieden als Konkretisierung des göttlichen Heils für das Volk Israel. Ausgehend von dieser Gegenwart versteht er die Vergangenheit. Alles wurde von Gott vorbereitet und geführt, so daß es in die friedvolle Situation des Heute einmünden konnte.

Die Gegenwart ist als Werk des liebevollen Heilsplanes Gottes gegenüber seinem Volk Israel absolut nichts Zufälliges. So entwirft der Jahwist eine beeindruckende religiöse Synthese. Gott schuf alles. Alles war gut. Die Menschheit lebte in der Atmosphäre seiner Liebe, die im wonnevollen Garten bzw. im Paradies auf Erden versinnbildlicht wird. Aber die Menschheit kam zu Fall. Deshalb zerstreute Gott die Menschen über die ganze Erde. Mit Noah versucht er einen neuen Anfang. Doch vergebens. Dann erwählt er Abraham, um ihn zum Heilsinstrument für alle Menschen zu machen. Er verspricht ihm Kanaan als Land für sein erwähltes Volk, das die Nachkommenschaft Abrahams sein wird. Aber dieses Volk gerät in Ägypten in die Sklaverei. Gott befreit es und läßt es allmählich die Kultur Kanaans erobern. Jetzt, unter den Königen David und Salomo, ist Gottes Plan endlich voll erfüllt. Der Weg war lang und voller Irren und Wirren. Aber Gott schreibt gerade auf krummen Linien. Die Erfahrung der Gegenwart also ermöglichte es dem Jahwisten, die ganze Vergangenheit auf diese Weise zu verstehen.
Zweihundert Jahre später ist die Lage anders. Die Einheit des davidischen und salomonischen Reiches ist zerstört. Das Nordreich wird von den Assyrern bedroht. Es herrscht moralische Dekadenz. In das verheißene und mühevoll eroberte Land werden in Kürze die Feinde eindringen. In dieser Lage entsteht gegen das Jahr 740 v. Chr. ein anderer großer Theologe, der Elohist (so genannt, weil er Gott Elohim nennt). In der derzeitigen Lage entwickelt er einen Blick, mittels dessen er die gesamte Vergangenheit als eine Hinführung zu dieser nationalen Katastrophe erkennt. Er sieht in der Vergangenheit nicht so sehr, wie der Jahwist, die Geschichte des

Heils, sondern vor allem die Geschichte des Unheils. Seine Synthese ist einfach: Gott schließt immer wieder einen Bund mit dem Volk. Aber das Volk bricht den Pakt. Deshalb straft Gott ... und erneuert das Bündnis. Und wiederum verrät das Volk den Bund. So wird der Bund zum Symbol für Verrat und Ablehnung Gottes durch sein Volk. Nur wenn Israel zur Treue zurückfindet, wird es der assyrischen Bedrohung entgehen und glücklich sein können. So sind vergangene Ereignisse Sakramente der unglücklichen Gegenwart. Die derzeitige Situation ist Ergebnis einer langen Geschichte von Ablehnungen.

2. *Von Rückblick zu Rückblick strukturiert sich das Sakrament*

Die Bibel ist voll von solchen rückblickenden Neuinterpretationen. Das Neue Testament bildet den letzten derartigen Deutungsentwurf im Rückblick auf die gesamte vergangene Geschichte. Den Aposteln und Evangelisten bieten Leben, Tod und Auferstehung Jesu Christi die letztgültige Perspektive, aus der sie den vollen verborgenen Sinn der ganzen Vergangenheit entziffern können. Für sie – wie für uns – macht der auferweckte Jesus Christus den entscheidenden Mittelpunkt der Menschheitsgeschichte aus. Denn in ihm ist erwiesen, daß Befreiung vom Tod wie auch von den Begrenzungen des Lebens und einer absurden Geschichte möglich sind. Allerdings ist dieses Geschehnis kein reiner Zufall der Geschichte, keine Fehlgeburt. Vielmehr wurde es vorbereitet, und die Schöpfung ging schwanger mit ihm. Augustinus sagt es ja auch: Die Geschichte ging schwanger mit Christus. Er wuchs, bis er geboren wurde. Von

Christus aus können wir die gesamte Vergangenheit im Rückblick an uns vorbeiziehen lassen, wie es auch das Neue Testament tat: Die Schöpfung selbst war schon auf ihn hin orientiert. Adam ist Bild und Typ Christi. Christus war latent wirksam in Abraham, Mose und Jesaja. Er sprach aus dem Munde Buddhas, Tschuang-tses, Sokrates' und Platons. Die Bedeutung dieser Männer wird erst im Licht Christi voll offenkundig. Worum sie sich bemühten, realisierte Christus. Sie sind Sakramente Christi.

Später machten die Christen die Erfahrung der kirchlichen Gemeinschaft. Diese war für sie eine Gemeinschaft der Liebe, der Einheit, des Dienstes und der Hoffnung. Ein solches Erfahren in der Gegenwart eröffnete ihnen eine ganz spezifische Perspektive, aus der sie jetzt in die Vergangenheit rückschauend diese neu erfaßten. So waren schon die ersten Christen – wie Papias, die Didachè, Tertullian, Origenes, Augustinus u. a. belegen – davon überzeugt, daß die Kirche von der Schöpfung der Welt an, mit Adam und Eva, der ersten Liebesgemeinschaft, allmählich vorbereitet wurde. Die Religionen der Welt, das Volk Israel und die apostolische Gemeinschaft Jesu mit den Zwölfen waren Sakramente und Symbole der Kirche. Sie entwickelten sich nach und nach, um sich schließlich von Pfingsten an voll zu offenbaren.

Aber es gibt noch eine weitere Möglichkeit für ein sakramentales Verständnis der Geschichte. Man kann nämlich auch die Geschichte von ihrem definitiven Ende her betrachten, vom Himmel oder von der Hölle her. Dann wird alles zu einem vorbereitenden Sakrament im Blick auf das letzte Ende: Schöpfung, Völker, Religionen, politische Gemeinschaften, Jesus Christus und die Kirche. Alles ist somit vorletztes Bindeglied und antizipierendes Symbol des Endes. Wenn schließlich das Ende selbst ausbrechen wird, dann wird – wie die Nachfolge Christi schon sagt – auch die Funktion der Sakramente ein Ende haben. Wir werden ohne die symbolische Vermittlung von Bedeutungsträgern alles von Angesicht zu Angesicht schauen.

Es dürfte hinlänglich deutlich geworden sein: Dieses Verständnis ist nicht willkürlich. Menschliches Leben ist in der Weise, wie wir die Gegenwart erleben und Kräfte für die Zukunft sammeln, ein rückblickendes Neulesen der Vergangenheit. Von seiner Weihe her, wohl dem wichtigsten Ereignis in seinem Leben, blickt der Neupriester auf seine gesamte geschichtliche Vergangenheit zurück. Dabei entdeckt er so viele an sich unbedeutende Gesten, die aber gleichsam als Vorläufer des Heute seiner Weihe die Zukunft in sich tragen, die jetzt Gegenwart geworden ist. Alles wird dann zum Symbol und Sakrament. So verhält es sich mit der menschlichen Geschichte. Sie ist Sakrament der Befreiung oder Unterdrückung, des Heils oder des Unheils.

7. Kapitel
Das Sakrament des Grundschullehrers

Er war fast ein Mythos. Bei der Bevölkerung im Hinterland, in das damals die großen Kommunikationsmittel mit ihren Superhelden noch nicht gelangt waren, galt er als Held, Weiser, Meister und Ratgeber. Sein Wort galt als Sprichwort, seine Lösung als Richtung. Wer war dieser sterbliche Mensch? –: Herr Mansueto, Lehrer an der Grundschule in Planalto, einem von italienischen Kolonisten bewohnten Dorf im Staat Santa Catarina. Für uns, die wir ihn gekannt haben und seine Schüler waren, stellte er das sakramentale Symbol menschlicher Grundwerte dar, wie Idealismus, Selbstverleugnung, Demut, Nächstenliebe und Lebensweisheit. Derartige Werte kann man nicht rein abstrakt vermitteln, sondern nur indem man sie in konkreten Situationen verkündet und verteidigt, indem man sie lebt und von Menschen herleitet, die ihnen in ihrem Leben Gestalt gegeben haben.

Herr Mansueto war eine dieser Erscheinungen. Zwar ist mir nicht klar, ob wir nicht dazu neigen, mit den Jahren, die dahinziehen, unsere Erfahrungen in der Vergangenheit mit dem Glanz des Mythos zu umgeben. Im Falle unseres verehrten Grundschullehrers ist aber der Mythos vielleicht die beste Form, den Reichtum seiner ein-

fachen und konkreten Geschichte lebendig zu erhalten. Wie eine Fichte das trockene Grasland oder die grünen wogenden Viehweiden überragt, so war er im Dorf die überragende Gestalt.
Herr Mansueto war vor allem ein Idealist. Ausgebildet in Humanwissenschaft, und zwar im strengen Stil des alten Seminars, in Buchführung, in Rechtsfragen (zur Erlangung dieser Qualifikation hatte er an einem Fernkursus teilgenommen; so etwas gab es damals noch) und in Gott weiß wieviel anderen Fächern, hatte dieser zierliche und schmächtige, aber irgendwie bäuerlich elegant wirkende, schöne und intelligente Mann alles verlassen, um auf dem flachen Land die ersten Siedler des catarinensischen Hinterlandes zu unterrichten und sie von Verlassenheit und Unwissenheit zu befreien. Für uns war er stets ein Geheimnis: In einer Umgebung ohne jede klassische Kultur besaß er eine Bibliothek von ungefähr 2000 Bänden, die er an alle Welt verlieh, um so die Kolonisten und ihre Kinder zum Lesen zu zwingen, studierte die lateinischen Klassiker im Original, beschäftigte sich mit einer ganzen Reihe von Denkern wie Spinoza, Hegel und Darwin und abonnierte die Zeitung O *Correio do Povo*, die er aus Porto Alegre zugeschickt bekam. Er hielt morgens und nachmittags Unterricht. Abends unterrichtete er – in einem Vorgriff auf den späteren Mobral[4] – die Erwachsenen. Daneben unterhielt er eine Schule für die Intelligenteren, in der er einen Kursus für Buchführung anbot. Weiter leitete er einen Kreis, in dem politische und kulturelle Fragen diskutiert wurden. Große soziale und metaphysische Probleme beschäftigten die unruhige Seele dieses unbekannten Denkers in dem namenlosen Dorf unseres Hinterlandes. Nie werden wir seine Freude vergessen, wenn er

verschiedentlich von seinen früheren Schülern, die jetzt schon an der Universität studierten, gebeten wurde, für sie ein Referat auszuarbeiten über Probleme des Verfassungsrechtes, die Rechtmäßigkeit der aus einer siegreichen Revolution hervorgegangenen Macht oder über Fragen der brasilianischen Geschichte, und dann erfuhr, daß er dabei die Note ‚sehr gut' erzielt hatte.
Dieser Mann war, wie gesagt, Grundschullehrer. Aber schon in der Primarstufe lehrte er seine Schüler die ersten Wörter in der griechischen und lateinischen Sprache und vermittelte ihnen philologische Elementarbegriffe. Mit welchem Stolz rezitierten wir später diese Wörter im Gymnasium! ... In der Schule vermittelte er alles, was ein Mensch, der sein Diplom eben nur auf dieser Primaruniversität erhalten hatte, wissen mußte: Grundbegriffe in Ökologie, Zinswesen, Landvermessung und bürgerlicher Gesetzgebung, die Hauptregeln des Häuserbaus und Religion als eine Sicht von Gott in der uns umgebenden Welt.
Als das Radio in den Handel kam, erwarb er Radiogeräte und zwang alle Kolonisten, sie zu kaufen. Er selbst schloß sie überall an. Seine Absicht war es, die Siedler für die sich weitenden Horizonte der Welt zu öffnen, damit sie die portugiesische Landessprache lernten (die Mehrzahl sprach nämlich italienisch und einige wenige deutsch) und sich auch sonst weiterbildeten. Für die, die sich weigerten, wußte er einen wirksamen Trick: Er befestigte das Radio auf einem Mast gegenüber dem Haus, stellte es an – und zwar laut – und ging nach Hause. Als das Penicillin für die Bevölkerung zugänglich wurde, rettete er Dutzenden von Menschen, die teilweise von den Ärzten schon aufgegeben waren, das Leben. Sein Ruf nahm ständig zu. Die Siedler hatten nämlich einen

geradezu blinden Glauben an die Rezepte, die er in technischen Büchern studierte, und an die Medikamente, die er irgendwo in Apotheken kaufte. Er betätigte sich als Anwalt von Mestizen und Schwarzen, die von der Einwandererbevölkerung stark diskriminiert wurden. Wie oft hörten wir sie nicht sagen: „Gott im Himmel und Herr Mansueto auf der Erde!"

Geschunden und erschöpft durch die Arbeit, die er für alle Bewohner des Dorfes und für seine große Familie tat, starb er früh. Er wußte, daß er bald sterben mußte. Denn sein ermüdetes Herz gab ihm das sichere Gefühl. Er behandelte den Tod voller Liebe – wie einen Freund – und träumte davon, sich im Himmel mit den großen Weisen unterhalten und Gott gewichtige Fragen stellen zu können. Er starb mehr als tausend Kilometer von Planalto entfernt. Das Volk aber wollte seine sterblichen Überreste in seinem Dorf beerdigt wissen. Es kam zu einer Apotheose. Als gedeutete Erinnerung an sein Leben, seine Worte und Taten entwickelte sich eine regelrechte Mansuetologie. Dabei erfand das Volk aber nichts. Es steigerte nur die Dinge, zeichnete sie idealtypisch und verherrlichte sie. Herr Mansueto wurde zu einem Symbol für den Typ eines Menschen, der bis zur Selbstaufgabe für die Mitmenschen da ist.

Lieber Leser, wenn Sie eines Tages durch eine kleine, aber freundliche Stadt mit dem bezeichnenden Namen Concordia kommen, dann besuchen Sie dort bitte den Friedhof. Geben Sie gut acht: Wenn Sie linker Hand in der Nähe eines großen Kreuzes ein Grab mit einer schönen Inschrift, stets frischen Blumen und inzwischen auch schon einigen Exvoten entdecken, dann stehen Sie vor dem Grab unseres Lehrers Mansueto. In der Erinnerung der Dorfbewohner ist er heute noch lebendig.

1. Jesus von Nazaret – Quell-Sakrament Gottes

Für die frühe Kirche wie auch für uns heute braucht Sakrament nicht nur in einem Gegenstand unserer Welt zu bestehen, wie einem Becher, einem Stück Brot oder einer Weihnachtskerze. Wie wir schon sahen, kann die ganze Geschichte Sakrament sein, insofern der Sinn der einzelnen Fakten einen radikaleren Sinn in sich trägt, den wir Erlösung nennen, bzw. einen Un-Sinn, der ein fundamentales Absurdum vermittelt, das wir als Verderben deuten. In der Geschichte tauchen nämlich dann und wann Gestalten auf, in denen der Sinn der Geschichte zu einem Höhepunkt gelangt und die Werten wie Befreiung, Gnade, Güte und uneingeschränkter Öffnung für die anderen und für das große Andere eine menschliche Konkretion geben. Die Kirchenväter nannten solche geschichtlichen Größen Sakramente: Abraham, Noah, David, Sara, Rebekka, Anna, Maria usf. Und ich möchte Herrn Mansueto hinzufügen. Auf dieser Linie nennen wir Jesus von Nazaret mit seinem Leben, seinen Gesten voller Güte, seinem mutigen Tod und seiner Auferstehung das Sakrament par excellence. In ihm ist die Heilsgeschichte als Realisierung von Sinngebung überhaupt zu ihrem unüberbietbaren Höhepunkt gekommen. Er gelangte als erster an das Ziel des langen Prozesses der Menschwerdung, besiegte den Tod und ging ein in das Geheimnis Gottes. Insofern Jesus von Nazaret den göttlichen Heilsplan ver-körpert, der in einer radikalen Vereinigung des Geschöpfes mit dem Schöpfer besteht und antizipatorisch den allen erlösten Menschen offenstehenden Sinn zeigt, erweist sich dieser Jesus als das Quell-Sakrament Gottes.

Wenn Gott Liebe und Vergebung ist und wenn er weiter Diener eines jeden menschlichen Geschöpfes und wohlwollendes Mitempfinden mit allen Menschen ist, dann verkörpert Jesus Christus – mit seiner unerschöpflichen Liebesfähigkeit, mit seiner Absage an jede Art von Machtgelüsten und Rachegefühlen und durch seine Identifizierung mit den an den Rand der Ordnung dieser Welt Gedrückten – Gott in unserer Mitte. Er war das lebendige Sakrament Gottes, das die liebevolle Sym-pathie Gottes gegenüber allen Menschen enthielt, bedeutete und vermittelte. Die Gesten, die Taten und all die Aussprüche im Leben Jesu waren Sakramente, die dem Geheimnis Gottes Gestalt gaben. Die Kirchenväter sprachen von *mysteria et sacramenta carnis Christi.* Von ihm kommt uns, wie der Evangelist Johannes sagt, Gnade über Gnade (Joh 1,16). In ihm war einfach das Leben (Joh 1,4). Er war das Leben schlechthin (Joh 11,25; 14,6). Mit Jesus von Nazaret „erschienen die Güte und Menschenfreundlichkeit Gottes, unserers Erlösers" (Tit 3,4; 2 Tim 1,10). Er war die sichtbare Gestalt des unsichtbaren Gottes (Kol 1,15) sowie Einbruch und Offenbarung der Göttlichkeit in der Undurchsichtigkeit des sichtbaren und greifbaren Fleisches (Kol 2,9; 1 Joh 1,2). „Wer mich sieht, sieht auch den Vater" (Joh 14,9). In diesem Sinn nennt die große Überlieferung der Kirche bis hin zum II. Vatikanischen Konzil Christus das Sakrament Gottes. Herr Mansueto war seinerseits Sakrament der Werte, die Jesus von Nazaret bis zur letzten radikalen Konsequenz lebte und in der strahlendsten Einfachheit verkörperte.

2. *Jesus Christus – Sakrament der Begegnung*

Gott will sich mit den Menschen in allen Dingen treffen. In ihnen begegnet der Mensch Gott. Deshalb sind alle Dinge dieser Welt sakramental oder können es wenigstens sein. Christus ist der Treffpunkt par excellence. Denn in ihm lebt Gott in menschlicher und der Mensch in göttlicher Form. Christlicher Glaube hat immer gesehen und festgehalten, daß im getöteten und auferweckten Jesus von Nazaret Gott und Mensch sich treffen und eine tiefe Einheit bilden, ohne Trennung und ohne Vermischung. Durch den Menschen Jesus gelangen wir zu Gott, und durch Jesus als Gott erreichen wir den Menschen. Er ist der Weg und zugleich das Ziel des Weges. In ihm treffen sich die eine aufsteigende und die andere absteigende Linie: Auf der einen Seite ist er greifbarer Ausdruck der Liebe Gottes (absteigende Bewegung), und auf der anderen Seite ist er die letztgültige Form der Liebe des Menschen (aufsteigende Linie). Wer mit Christus spricht, begegnet Gott.

Jedesmal, wenn wir uns in unserer Erinnerung dem Lehrer Mansueto zuwenden, sehen wir mehr als nur den Lehrer Mansueto. Was wir sehen, ist ein Sakrament. Denn er machte etwas sichtbar und ließ etwas geschichtliche Wirklichkeit werden, was größer war als er selbst: Selbstverleugnung, Nächstenliebe und äußerste Hingabe. Wer aber noch tiefer sieht, wird vielleicht noch mehr entdecken: Herr Mansueto vermittelte darüber hinaus den, der Selbstverleugnung, radikale Nächstenliebe und erschöpfende Hingabe in Person war. Denn Lehrer Mansueto war ein Sakrament.

8. Kapitel
Das Sakrament des Hauses

Offensichtlich geht man nicht nur auf Reisen, um ans Ziel zu kommen. Das Gute bei einer Reise ist vielmehr das Ankommen selbst. Ich denke dabei allerdings nicht an irgendeine Ankunft, sondern an eine wirkliche Rückkehr. Heimkehren ist wie ein ruhiges Ankerwerfen im sicheren Hafen, nachdem man alle möglichen Gefahren bestanden hat. So viele gehen auf Reisen, ohne je an ihrem Ziel anzukommen... Heimzukehren ist deshalb so gut, weil die Menschen für längere Zeit nicht ohne Haus oder außerhalb eines Hauses zu leben imstande sind. Das Haus ist nämlich der Ausschnitt der Welt, der für den Menschen sakramental, heimisch und menschlich geworden ist. In ihm hat jedes Ding seinen Ort und seinen Sinn, dort ist uns nichts fremd, alles ist uns vertraut. Die Dinge des Hauses haben Leben und wohnen zusammen mit den Menschen. Deshalb gibt es nichts Schrecklicheres als große, leerstehende, überflüssige Häuser. Niemandem sind sie wirklich zueigen. Niemand nennt sie sein Elternhaus. Zwar wohnen Dinge in ihnen, aber nicht wie gute Geister, sondern nur als von Eitelkeit und Prunksucht aufgeblasene Objekte. Gegenstände solcher Art haben kein Leben. Deshalb machen sie auch das Haus des reichen Angebers irgendwie unheimlich.

Was ein Elternhaus und ein behagliches Heim wirklich bedeuten, hat nur der existentiell erfahren, der jahrelang außerhalb dieses Hauses leben mußte. Plötzlich kommt er heim – wie ich im Jahre 1970. Schon von fern, vom Schiff aus, war Brasilien am Horizont als ein dünner Strich zu erkennen. Das Herz schlägt, und es herrscht eine große Spannung. In dem Maße, in dem sich das Schiff der Küste nähert, erfaßt uns ein großes Zutrauen. Die Angst ist gebannt. Selbst der Tod scheint angenehm zu werden: Hier, ja hier könnten wir den Tod sich einstellen lassen! Denn hier würde man ja in den bergenden und vertrauenerweckenden Armen des Vaterlandes sterben. Wir sind da! Wir fallen uns in die Arme. Dann fahren wir auf der Straße, die nach Hause führt. Als ob ich mit den Augen alte Freunde umarmte, betrachte, untersuche und entdecke ich alles wieder: den Gebirgszug in der Ferne, die Bäume, die Kurven in der Straße und schließlich das Haus, besser gesagt: das Kloster, das für jeden Ordensmann ja sein Heim ist. Es ist noch alles wie früher. Die Welt ist weitergegangen und hat sich verändert, und auch wir haben uns verändert und entwickelt. Aber das Kloster steht auf der kleinen Erhebung fest und wie eingepflanzt. Nachdem ich alle Welt umarmt habe, will ich das Haus und jede Ecke wiedersehen. Alles ist wichtig im Haus: „Dies war das Zimmer...", hier haben wir gebüffelt, dort – in der Kapelle – haben wir gebetet und in einem täglichen Kampf gegen den Schlaf – damals stand man im Kloster noch in aller Herrgottsfrühe auf – uns darum bemüht, Gott zu erfassen und mit Jesus Christus zu diskutieren, hier war die dunkle Bibliothek und dort der Flur, den wir Paradies nannten, oder die enge Zelle, in der wir wohnten. Gegenstände werden lebendig. Und dann außerhalb des Hauses: Die Bäume und die Wege um den Hügel herum wollen begrüßt werden. An der Grotte muß man zur Jungfrau Maria beten – wie früher jeden Tag um 9.30 Uhr. Alles begegnet einem wieder mit der gewohnten Vertrautheit. Es tut gut, sagen zu können: „Endlich bin ich wieder zu Hause!" Und während ich diese Worte sage, hallt in den Tiefen der Seele alles wider, was archetypisch Geborgenheit bedeutet, Spontaneität, Einfachheit und Freude, mit allen Dingen vertraut umgehen zu können.

Denn das Haus ist insgesamt ein großes Sakrament. Jeder Gegenstand in ihm hat teil an dieser Sakramentalität und wird somit auch selbst zu einem Sakrament: der Aufenthaltsraum, der Speisesaal, die Zimmer, die Bibliothek, die Bilder an den Wänden, die Heiligenfiguren, die Grünpflanzen auf den Gängen und die alten Treppen. Alles ist irgendwie heilig und sakramental. Ein Haus darf man nicht vergewaltigen; denn es ist ein Heiligtum. Deshalb lädt man auch niemanden mir nichts dir nichts zu sich ins Haus ein. Im Haus steckt nämlich eine Sakramentalität, die nur diejenigen mit uns kosten dürfen, die in Freundschaft, Liebe und Vertrautheit mit allen Dingen im Haus eingeweiht sind.

Genau betrachtet, erweist sich das Haus als dichtes Sakrament, als Quell-Sakrament. Über das Haus wird dann auch die Stadt Sakrament, die Gegend, in der die Stadt liegt, das Bundesland, in dem sich besagte Gegend befindet, der Staat, von dem das Bundesland ein Teil ist, und der Erdteil, auf dem der Staat liegt. Für den Astronauten auf dem Mond ist schließlich auch die Erde, die seinen Erdteil trägt, Sakrament. So konnte der Astronaut Erwin auch folgende Überlegung anstellen: „Der Mond ist schön und der Himmel tief und herrlich. Aber nur auf der Erde kann der Mensch wohnen. Wie gastlich ist doch der grüne Planet dort unten... Dort gibt es jemanden, der an mich denkt, nach mir schaut und auf mich wartet."

Das Quell-Sakrament des Hauses weitet sich in konzentrischen Kreisen aus, die sich mehr und mehr öffnen und schließlich alles umfassen. Sollte eines Tages der Mensch unser Sonnensystem verlassen, gewinnt dieses System mit seiner ganzen Weite selbst noch einmal sakramentalen Charakter, der sich freilich von dem aller anderen sakramentalen Größen unterscheidet, denn innerhalb seiner dreht sich die Erde, auf der der Mensch einen Erdteil, einen Staat, ein Bundesland, eine Region, eine Stadt und ein vertrautes Haus weiß. Wegen dieses alten, franziskanisch armen Hauses mit seinen dunklen Fluren und engen Zellen ohne fließendes Wasser wird er sich in der Nacht bemühen, Sterne zu hören und den Planeten Erde auszumachen, auf dem sich für ihn der ganze Sinn des Alls konzentriert. Dort steht nun einmal das Haus, das ihm vertraute Sakrament. Es wird also deutlich: Sakrament kann in dem Maße, in dem sich das Herz öffnet, alles umgreifen.

1. Christus: Sakrament Gottes – Kirche: Sakrament Christi

Kirche in ihrer umfassenden Gesamtheit als Gemeinschaft der Glaubenden und als Gemeinschaft des geschichtlichen Glaubens an den auferweckten Jesus Christus ist mit ihrem Glaubensbekenntnis, ihrer Liturgie, ihrem kanonischen Recht, ihren Bräuchen und Überlieferungen und mit ihren Heiligen und Martyrern immer das große Sakrament der Gnade und des Heils in der

Welt genannt worden. Sie trägt als kostbares Geschenk Christus, das Quell-Sakrament Gottes, in sich. Wie Christus Sakrament des Vaters war, so ist die Kirche Sakrament Christi. Christus lebt fort in der Kirche und wird durch die Geschichte hindurch in der Kirche greifbar. Sie hält die Erinnerung lebendig an sein Leben, seinen Tod, seine Auferstehung und an die letztgültige Bedeutung, die er für das Schicksal der Menschen besitzt. Wenn es keine Kirche gäbe, würde Christus selbst in der Geschichte wirken, wäre präsent im Befreiungsprozeß der Menschen und würde insgeheim an das Innerste aller Menschen rühren, denn er ist unermeßlich größer als die Kirche und nicht ihr göttlicher Gefangener. Aber wenn es Kirche als Gemeinschaft der Glaubenden nicht gäbe, gäbe es auch niemanden, der ihn aus der Namenlosigkeit holen, seine bestehende, aber verborgene Wirklichkeit aufdecken, seinen wahren Namen verkünden und ihn als Befreier der Menschen und Herrn des Kosmos verehren könnte. Kirche wird zum Sakrament, insofern sie am Sakrament Christi teilhat und es immer wieder aktualisiert. Für den gläubigen Menschen ist sie in ihrer Geschichte Konkretion wie das vertraute und sakramentale Haus. Was dabei ein Haus behaglich und sakramental sein läßt, sind nicht die vier Wände oder der Hohlraum zwischen ihnen, der uns das Wohnen erst ermöglicht, sondern der Geist und die Leute, die den Hohlraum des Hauses ausfüllen und den vier Wänden Sinn vermitteln. Dann erst ist es bewohnbar und gemütlich.

Ähnlich verhält es sich mit der Kirche. Hier sind es nicht Glaubensbekenntnis, Liturgie, Institutionen oder Überlieferungen, die Kirche zur Kirche, d. h. zum Sakrament Christi, machen. Vielmehr geht es um den Glauben an den lebendigen Herrn, der dem Credo Leben verleiht, sich in der Liturgie darstellt, in den Institutionen verkörpert wird und der in den Traditionen lebt. All dies macht das Sakrament aus, mit anderen Worten: das Instrument, mittels dessen der unsichtbare Herr im Himmel auf der Erde sichtbar wird. Innerhalb und jenseits der wahrnehmbaren Zeichen (Sakramente) verbirgt sich die wahre Heilswirklichkeit der Kirche: Jesus Christus und sein Geheimnis. Zwar besitzt auch die Kirche Strukturen wie andere Gesellschaften, zwar herrschen in ihr Gesetze und Lehren wie in jeder Gesellschaft, und gibt es – wie in jeder Gesellschaft – Ordnung, Disziplin und Moral. Dennoch unterscheidet sie sich von den übrigen Gesellschaften, weil der Geist Christi sie belebt.

Wenn wir noch einmal auf das vertraute und sakramentale Haus zurückkommen dürfen: Hier gibt es Zimmer, Flure, Tische und Bilder an den Wänden, genau wie in allen Häusern von Menschen. Trotzdem sind sie anders, weil der Geist, der alle diese Gegenstände mit Wärme und Sinn erfüllt, anders ist und sie eben vertraut und sakramental sein läßt. Von außen kann man die Unterschiede nicht feststellen. Nur die inneren Fähigkeiten des Menschen sind imstande, sie wahrzunehmen. Analog verhält es sich mit der Kirche: Nur der Glaube entdeckt und erkennt in den zerbrechlichen – und nicht selten widersprüchlichen – äußeren Erscheinungsformen ein inneres und göttliches Geheimnis: die Gegenwart des auferstandenen Herrn. Aus diesem Grunde nannten die Kirchenväter die Kirche häufig *mirabile et ineffabile sacramentum.*

Wie das Quell-Sakrament Christus menschlich und göttlich zugleich war, so ist in analoger Weise (nicht in gleicher Weise, weil es in der Kirche keine hypostatische

Union gibt) auch das universale Sakrament Kirche menschlich und göttlich in einem. Dabei wird das göttliche Element stets im menschlichen verkörpert und macht es transparent. Das menschliche Element seinerseits steht im Dienst des göttlichen und läßt es geschichtlich werden. So ist die Kirche mehr als Organisation und Heilsinstitution. Kirche ist vor allem lebendiger Organismus und Heilsgemeinschaft.

2. *In der Kirche ist alles sakramental*

Wenn die Kirche in ihrer Gesamtheit als einheitliche Größe ein großes Sakrament ist, dann haben auch alle Dinge innerhalb der Kirche sakramentalen Charakter. Alles in der Kirche ist sakramental, weil es an Christus erinnert oder die Kirche als Sakrament konkretisiert: die Liturgie mit ihren Riten, geweihten Gegenständen, Büchern und materiellen Elementen, die Menschen vom Papst bis zum letzten Gläubigen, die Tätigkeit der Kirche in der Welt, in der sozialen Fürsorge, in der Missionsarbeit und in der prophetischen Verkündigung. Für die Kirchenväter galt sogar die Amtsniederlegung eines Bischofs wie auch das Ablegen der Gelübde von Ordensleuten als Sakrament. Jede Geste und jedes Wort der Kirche – die Sakrament ist – gewinnen ebenfalls sakramentale Funktion. Denn sie konkretisieren in den kleinen Einzelheiten des Lebens, was Kirche – Sakrament eigentlich ist.
Wie über das vertraute und sakramentale Haus alles sakramentale Merkmale gewinnen konnte: Stadt, Staat und sogar unser Planet Erde, so verhält es sich ähnlich mit der Kirche. Als Trägerin von Gnade und Sakrament Jesu Christi ist sie dort, wohin Christus und seine Gna-

de gelangen. Da Christus kosmische Ausmaße besitzt und alles durchdringt und erfaßt, umgreift und durchdringt auch die Kirche alles. Sie ist – wie schon die Didaché, einer der ältesten Texte der Christenheit, sagte – „ein kosmisches Geheimnis". Deshalb stößt die Kirche nur in ihrem Zeichen und in ihrer geschichtlichen Menschlichkeit auf Grenzen. Aber das Geheimnis, das diese geschichtliche Menschlichkeit und all die Zeichen durchdringt, ist selbst frei und kann in allen Phasen der Welt gegenwärtig werden. Aufgrund dieser Tatsache waren die Kirchenväter imstande, von der kosmischen Kirche zu sprechen, von der Kirche des Naturgesetzes, der Kirche der Weltreligionen, der Kirche des Judentums, der Kirche Jesu Christi, von der Kirche der Apostel und der Kirche der Herrlichkeit im Himmel, wo „die Gerechten von Adam und dem gerechten Abel an bis zum letzten Erwählten sich versammeln werden" (Lumen Gentium 1,2).

Das alte, franziskanisch arme Haus mit seinen engen Zellen und ohne fließendes Wasser, in dem es trotz seiner Begrenzungen gut ist zu wohnen, ist behaglich und sakramental. Es tut gut, zu ihm heimzukehren. Von ihm aus hat die Welt einen Sinn und alle Wege die richtige Richtung. Ganz ähnlich steht es mit der Kirche. Zwar mutet sie wie eine Greisin an, trägt Jahrhunderte auf ihren Schultern, hat sich beim Beschwichtigen der Menschheit schwielige Hände geholt und ist nicht selten allzu vorsichtig und zögernd im Gehen und langsam im Verstehen. Trotz all dieser Wenn und Aber wurden wir in ihr empfangen, geboren und ernährt und begegnen immer wieder Jesus Christus und mit ihm allen Dingen. Denn die Kirche ist ja Sakrament.

9. Kapitel
Sakramentale Achsen des Lebens

Im Haus, das uns als Sakrament gilt, ist alles sakramental. Aber die Sakramentalität kennt unterschiedliche Grade. So befindet sich dort das Elternschlafzimmer. Ja, alle Gegenstände sind sakramental. Aber es gibt auch den Wasserbecher, der ein ganz besonderes Sakrament ist und mehr oder minder einem Tempel ähnelt. Obwohl alles heilig ist, gibt es doch auch das Allerheiligste. In dem Haus entstehen also Höhepunkte, an denen die ganzheitliche Sakramentalität sich verdichtet und durchsichtiger faßbar wird. Das waren und sind für uns die Mahlzeiten mit der ganzen Familie. Bei uns wurde erst gegessen, wenn die ganze Familie beisammen war. Wie oft haben wir nicht bis ein Uhr gewartet, bis auch der letzte da war! Essen heißt ja nicht einfach den Hunger stillen. Vielmehr essen ja auch Augen und Herz mit. Denn nicht nur der Körper will ernährt werden, sondern auch der Geist, die Einheit der Familie und die Gemütlichkeit. Essen ist ein umfassendes Sakrament, es verdichtet die Beziehungen und macht aus vielen Einzelheiten ein einziges Leben, eben das Familienleben.

Ein Tag gleicht dem anderen. Alle Tage haben 24 Stunden. Aber der Geburtstag hebt sich von allen anderen Tagen ab. Der Geburtstag ist sakramental, weil an ihm

das größte aller Wunder gefeiert wird: An ihm hat mein Leben begonnen, und es währt noch heute. Deshalb steckt ein Geburtstag voller Symbole und Riten, die ihn von allen anderen Tagen unterscheiden.
Am Jahrestag der Hochzeit feiern die Eheleute den Beginn ihrer Liebesgeschichte und der Liebe in ihrer persönlichen Geschichte. Aber der Hochzeitstag ist mehr als nur Erinnerung. Vielmehr aktualisiert er das Vergangene in stets neuer Weise und bekräftigt die Gegenwart, um die Zukunft zu sichern. Deshalb ist er ein sakramentaler Tag, an dem die Blumen, die Umarmungen und das Festmahl eine in höchstem Maße sakramentale Funktion erfüllen.

1. Wenn in der Kirche alles Sakrament ist, weshalb dann die sieben Sakramente?

Diese – legitime – Frage kann in zwei Schritten beantwortet werden, einem geschichtlich-bewußten und einem strukturell-unbewußten.

a. Die Ebene des Geschichtlich-Bewußten

Bis ins 12. Jahrhundert benutzte man das Wort Sakrament, wie wir es taten. Dabei konnten wir auf die älteste Tradition der Kirche zurückgreifen, die mit dem Begriff alles bezeichnete, was heilig ist. Seit dem frühen 12. Jahrhundert begannen die Theologen Rudolf Ardens († 1200), Otto von Bamberg († 1139) und Hugo von St. Viktor († 1141), aus den Hunderten von Sakramenten (Augustinus erwähnt 304) sieben hauptsächliche Gesten der Kirche hervorzuheben. Es waren dies unsere sieben derzeitigen Sakramente. Auf der Synode von Lyon 1274 und auf dem Konzil von Florenz 1439

übernahm die Kirche offiziell diese Lehre. Schließlich definierte das Konzil von Trient 1547 feierlich, „daß die Sakramente des neuen Gesetzes sieben sind, weder mehr noch weniger, und zwar: Taufe, Firmung, Eucharistie, Buße, letzte Ölung, Weihe und Ehe“ (VII. Sitzung, I. Kanon).
Soweit die geschichtlich-bewußte Erhebung, d. h. die auf bewußten Tatsachen beruhende Konstatierung. Eine derartige Erklärung ist zwar legitim, reicht aber nicht aus. Denn sie eröffnet nicht Sinn und Grund der sieben Sakramente. Es ist dies eine rein positivistische Überlegung: Die Dinge sind so, weil die Kirche sie so festgelegt und Jesus Christus sie so gewollt hat. Verstehen besteht nicht darin, einfach Daten zu eruieren, sondern darin, Zusammenhänge zwischen ihnen zu sehen und die unsichtbare Struktur, die sie trägt, freizulegen. Diese Struktur aber tritt nicht zutage. Sie liegt auf einer tieferen Ebene. Aber sie bekundet sich in Fakten. Jeder wirkliche Verstehensprozeß – sei es im Bereich einer positiven Wissenschaft, sei es im Bereich der Theologie – muß mittels der Fakten bis zu dieser Tiefenstruktur vordringen und dann erneut an die Oberfläche auftauchen, um dann erst die Daten sachgerecht zu begreifen.

b. Die Ebene des Strukturell-Unbewußten

Wenn wir nun den Versuch unternehmen, die sieben Sakramente auf einer tieferen, d. h. auf der strukturell-unbewußten Ebene, zu betrachten, dann erst entdecken wir ihren wahren Sinn. Die Auswahl der sieben Sakramente, die im 12. Jahrhundert bewußt geschah, war nicht willkürlich. Sie artikulierte den Tiefensinn, den die sakramentalen Riten wie auch der symbolische und archetypische Charakter der Siebenzahl ausdrücken.

Wenn wir die sieben Sakramente genau anschauen, dann sehen wir, daß sie die Grundachsen des menschlichen Lebens auf die Ebene des Ritus heben. Das Leben, besonders in seiner biologischen Dimension, besitzt Hoch-Zeiten, die mit Knoten zu vergleichen sind, in denen sich die Hauptlinien – im transzendenten Sinn des Menschlichen – kreuzen. An diesen existentiellen Knotenpunkten spürt der Mensch, daß das Leben sich nicht selbst trägt. Der Mensch hat zwar sein Leben, aber er hat es geschenkt bekommen. So fühlt er sich eingetaucht in den Lebensstrom, der Welt und Gemeinschaft durchzieht. Er macht die Erfahrung: Niemals lebe ich allein, immer lebe ich mit anderen zusammen. Das Leben kommt mir nur von einem Teller mit alltäglicher Speise, von einem Schluck Wasser, von einer Gruppe von Menschen, die mich in der Welt akzeptiert haben, mich stützen, mich trotz meiner Unbedeutsamkeit lieben und mir dadurch den Glauben schenken, daß es sich lohnt, weiter zu leben. An diesen Schlüsselpunkten erlebt man das Mitwirken einer Kraft, die uns transzendiert, die sich aber dennoch in unserem Leben zeigt. Solche Hoch-Zeiten gewinnen einen eminent sakramentalen Charakter. Deshalb umgeben wir sie – selbst in einer völlig säkularisierten Welt – mit Symbolen und Riten. Sie machen die Sakramente des Lebens par excellence aus, denn in ihnen verdichtet sich das Leben der Sakramente und wird transparent: die Gegenwart des Transzendenten, die Gegenwart Gottes. Die äußeren Riten geben dieser tiefen und – wer weiß – unbewußten Erfahrung greifbare Gewalt. Wo radikal Leben erfahren wird, wird Gott erfahren.

2. *Die sieben Sakramente entfalten und sublimieren die Hoch-Zeiten des Lebens*

Die Geburt ist ein Schlüsselpunkt des Lebens. Das Kind ist nun da. Doch es ist reines Geschenk. Alles hängt vom guten Willen anderer ab, ob es in der Familie angenommen wird und so überleben kann. Die Taufe entfaltet diese Abhängigkeit als Abhängigkeit von Gott und überhöht sie als Teilhabe am Leben Christi.

Eine andere Hoch-Zeit erlebt das Kind, wenn es – jetzt schon herangewachsen und frei – sich entscheidet. Es ist reifer geworden, tritt in die Welt der Erwachsenen ein und sucht seinen Platz im Berufsleben. Das Leben erfährt einen wichtigen Wendepunkt, an dem das Geschick des Kindes, teilweise wenigstens, auf dem Spiel steht. Und wieder spürt der Mensch, daß er von einer höheren Kraft abhängig ist. Er erfährt Gott. Das Sakrament der Firmung ist das Sakrament der christlichen Reife. Es verdeutlicht die Dimension Gottes, der auch in dieser existentiellen Achse zugegen ist.

Ohne Nahrung kann Leben nicht bestehen. Jede Mahlzeit ermöglicht dem Menschen die ihn zu Dank bewegende Erfahrung, daß seine Existenz an die anderer Menschen geknüpft ist. Deshalb ist menschliches Essen auch von Riten umgeben. Die Eucharistie entfaltet den im Essen verborgenen Sinn als Teilhabe am göttlichen Leben.

Die Ehe macht eine weitere existentielle Achse aus. Liebe lebt von gegenseitigem Sich-Beschenken. Die Bande, die einen, sind zerbrechlich, weil sie von Freiheit abhängen. Eheleute machen die sie selbst übersteigende Erfahrung, daß Treue von irgendwoher garantiert sein muß. Ein solches Erleben deutet auf eine höhere Macht hin, auf Gott, von dem menschliche Treue abhängt. Das Sakrament erhellt die Gegenwart Gottes in der Liebe.

Krankheit kann menschliches Leben bedrohen. Der Mensch stößt an seine Grenzen. Und wieder erlebt er seine Abhängigkeit. Das Sakrament der Krankensalbung bringt die Heilsmacht Gottes zum Ausdruck.

Jeder Mensch macht die ihn beeindruckende Erfahrung, daß es durch seine Schuld zum Bruch kommt mit den anderen und mit Gott. So fühlt er sich gespalten und verloren. Doch hofft er auf Erlösung und Versöhnung mit allen Dingen. Das Sakrament der Umkehr (Buße) artikuliert die Erfahrung der Vergebung und der Begegnung zwischen dem verlorenen Sohn und dem gütigen Vater.

Eine nicht zerbrochene und versöhnte Welt zu leben, universale Versöhnung zu verwirklichen und Frieden zu praktizieren –: das ist der geheime Wunsch, der das Streben nach Glück inspiriert. Im Sakrament der Priesterweihe werden Menschen dazu gesalbt und geweiht, Versöhnung zu leben und der Gemeinschaft zu dienen, damit so Versöhnung ermöglicht wird.

Als im 12. Jahrhundert die Theologen die Zahl der grundlegenden Glaubensriten festlegten, bewegte sie das kollektive Unbewußte in Leben und Glauben. Kirche als Sakrament erstreckt ihre Wirkmächtigkeit auf das ganze Leben. Dabei sind jedoch verschiedene Formen zu unterscheiden. Sie ist an den Hoch-Zeiten der Existenz zugegen, dort, wo das Leben seine tiefsten Wurzeln schlägt. An solchen Stellen verdeutlicht sie die Gegenwart Gottes, der mit seiner Güte unser ganzes Leben begleitet. Dabei bedient sie sich der essentiellen Glaubensriten, in denen ja das Wesen der Kirche sich verwirklicht, die ihrerseits Zeichen des Heils in der Welt ist. Wenn nun das Wesen der Kirche konkretisiert ist, dann kann die Kirche ihm nachspüren und genauerhin bestimmen: Es gibt sieben wesentliche Glaubenssakramente. An den existentiellen Knotenpunkten des Lebens konkretisieren sich die hauptsächlichen Glaubenssakramente. Leben ist voller Gnade.

3. Was bedeutet die Zahl sieben?

Das Konzil von Trient legte fest: Es gibt sieben Sakramente, nicht mehr und nicht weniger. Doch muß man diese Definition richtig verstehen. Das Wesentliche ist dabei nicht die Zahl sieben, sondern die Riten, die in dieser Feststellung enthalten sind. Die exakte Zahl der Riten ist eben nicht das Wichtigste. Wollte jemand sagen, es gebe neun Sakramente, weil Diakonat und Bischofsamt wirkliche Sakramente darstellten, oder wollte jemand behaupten, nein, es gebe in Wirklichkeit nur sechs, weil Taufe und Firmung zusammen ein – wenn auch mit unterschiedlichen Stufen – einziges Sakrament der Initiation bildeten, dann hätte er die Trienter Festlegung nicht in Abrede gestellt. Doch müßte er dabei behaupten, daß die Firmung Sakrament ist und daß all ihre Riten die Gnade Gottes mitteilen und gegenwärtig werden lassen. Die Siebenzahl muß symbolisch verstanden werden, d. h. nicht wie die Summe von 1 + 1 + 1 usf. bis sieben, sondern als das Ergebnis von 3 + 4. Tiefenpsychologie, Strukturalismus und zuvor schon Bibel und Überlieferung haben uns gelehrt, daß die Zahlen 3 und 4 als Summe ein spezifisches Symbol bilden für die Totalität einer geordneten Vielgestaltigkeit.

Vier ist das Symbol für Kosmos (die vier Elemente: Erde, Wasser, Luft und Feuer), Bewegung und Immanenz.

Drei ist das Symbol für das Absolute (Heiligste Dreifaltigkeit), für Geist, Ruhe und Transzendenz. Die Summe aus beiden Größen, die Zahl sieben, bedeutet demnach die Verbindung aus Immanenz und Transzendenz, die Synthese aus Bewegung und Ruhe wie auch die Begegnung zwischen Gott und Mensch, d. h. das fleischgewordene Wort Gottes, Jesus Christus. Mit der Siebenzahl wollen wir also die Tatsache zum Ausdruck bringen, daß die Totalität der menschlichen Existenz mit all ihren materiellen und geistigen Dimensionen durch die Gnade Gottes geweiht ist. Heil fließt nicht nur durch sieben Kanäle. Heil als Ganzes teilt sich menschlichem Leben als ganzem mit und manifestiert sich an den Achsen und Quellpunkten der Existenz in signifikant greifbarer Form. Hierin besteht der fundamentale Sinn der Zahl sieben.

Jedesmal, wenn wir bis zur Tiefe unser Existenz hinabsteigen, sei es, daß wir erleben, wie neues Leben geboren wird, sei es, daß wir betrachten, wie Leben wächst, sich bestätigt, vermehrt, weiht und sich aus seinen zerstörerischen Brüchen wieder erholt, rühren wir nicht nur an das Geheimnis des Lebens, sondern dringen auch ein in die Dimension absoluten Sinns, den wir Gott nennen, und seiner Manifestation in der Welt, die Gnade heißt. An der Stelle, an der sich Leben mit *dem* Leben berührt, geschieht Sakrament. Leben belebt Leben, aufgrund des Sakraments.

10. Kapitel
In welchem Sinn ist Jesus Christus der Urheber der Sakramente?

Das neue Antlitz der Kirche steht ganz ohne Zweifel in Verbindung mit der Person des guten Papstes Johannes. Das II. Vatikanische Konzil, das die für die Reform der Kirche maßgeblichen Orientierungspunkte setzte, war das Ergebnis seiner hingebungsvollen Arbeit. Mit Sicherheit werden zukünftige Historiker von einer Ära des Papstes Johannes XXIII. sprechen. Sie werden in ihm den Urheber eines neuen, großartigen und mutigen Versuchs sehen, dem christlichen Glauben eine überzeugende Gestalt im Geist der modernen Zeit zu verleihen. Dabei ist Johannes XIII. wirklich der Urheber dieser Bewegung, und zwar im echten Sinn des Wortes. Zwar bezieht sich seine Urheberschaft nicht auf jede einzelne Aktion, die nach ihm initiiert wurde, wohl aber auf den umfassenden Horizont, der die neue Ausrichtung der Kirche möglich machte. So ist er der Urheber u. a. des ökumenischen Geistes, des offenen Dialogs zwischen Kirche und Welt, des einfachen, heiteren und jeder Form von Triumphalismus baren Geistes des Dienstes und der religiösen Anerkennung aller echten und wahren Werte, die die moderne Zivilisation hervorgebracht hat.

In ähnlicher Weise ist Papst Paul VI. Autor der berühmten Enzyklika *Populorum Progressio*. Nicht als ob er mit eigener Hand dieses entscheidende Dokument geschrieben hätte. Möglicherweise hätte er nicht einmal dazu die notwendige technische Ausbildung. Der literarische Verfasser des Rundschreibens ist bekannt: P. Lebret und die Gruppe um ihn. Dennoch sagen wir mit Fug und Recht, Papst Paul VI. sei der Autor der Enzyklika. Denn sie trägt seine Unterschrift und das Zeichen seiner höchsten Autorität. Er ist ihr Autor, weil er der letzte Urheber des gesamten Prozesses ist, der schließlich zur Formulierung der Sozialenzyklika führte. Er ist weiterhin ihr Autor, weil er sie in seine Verantwortung nahm und der in dem Dokument enthaltenen Botschaft offizielle Autorität verlieh.

Präsident Vargas[5] ist der Urheber der Revolution von 1930. Er ist Urheber eines neuen Abschnitts in der brasilianischen Geschichte, die gekennzeichnet ist u.a. durch Industrialisierung, Nationalismus, Bewegung der Volksmassen, Eroberung der Grundrechte für die Arbeiterschaft und des Mindestlohnes, durch Gewerkschaftswesen und Sozialversicherung. Vargas ist Urheber dieser Revolution, nicht insofern er alle einzelnen revolutionären Aktionen in Gang gebracht hätte, sondern weil er die dazu notwendige Atmosphäre geschaffen und den Weg geöffnet hat, der schließlich zu tiefgreifenden Veränderungen der politischen und gesellschaftlichen Landschaft Brasiliens geführt hat.

1. „Die Sakramente wurden von Jesus Christus eingesetzt"

Das Konzil von Trient definierte feierlich, daß die christlichen Sakramente von Jesus Christus eingesetzt wurden (DS 1601; vgl. 1804, 2536). Diese Feststellung ist grundsätzlich richtig. Allerdings muß man sie auch sachgerecht und in dem Sinn verstehen, den Trient ihr wirklich beigemessen hat. In der Geschichte der Theologie gab es Zeiten – die sich in den Schul- und Handbüchern übrigens noch heute widerspiegeln –, da man die Definition von Trient in einem rein syntaktischen Sinn verstand, ohne sich um ein tieferes Verständnis ihrer semantischen und pragmatischen Bedeutung zu bemühen. Man suchte dann auf den Seiten des Neuen Testaments nach einem Wort Jesu, mit dem er jedes einzelne der sieben Sakramente eingesetzt habe. Mit dieser Methode tat man den Texten Gewalt an, und trotz der Schärfe und Akribie, welche die Theologen anwandten, wurde man nicht klug aus ihrer Argumentation.

Die moderne Theologie hingegen knüpft wieder mehr an die alte Tradition der Kirchenväter an und bemüht sich, die Sakramente in einem weiteren Horizont zu denken und zu verstehen. Sie meint, wirkliche Gründe dafür gefunden zu haben, daß sie eine Neuformulierung der alten Behauptung vortragen kann, Jesus Christus sei der Urheber der Sakramente. Diese Gründe wollen wir nun rasch betrachten.

Sakramente dürfen nicht als in sich selbst isolierte Atome betrachtet werden. Das einzelne Sakrament – wie zum Beispiel die Taufe – ist die Verdichtung und Verkörperung des „Sakramentes des Willens des Vaters" (Eph 1,9), d. h. der Heilsökonomie, des Heilsplanes Gottes und des einzigen sakramentalen Geheimnisses, wie die Kirchenväter Leo der Große, Cyprian und Augustinus sagen. Der göttliche Heilsplan, der Sakrament oder Geheimnis genannt wird, wird uns in Gesten, Riten oder Handlungen vermittelt, die das Heil verkörpern, sichtbar werden lassen und mitteilen. Derartige Handlungen, Riten oder Gesten heißen auch Sakramente. Man kann sagen: Während der Heilsplan das ewige und prä-existente Wort Gottes zum Urheber hat, kommen alle Sakramente in ihrem letzten Bezug vom ewigen Wort. Die sakramentalen Ausdrucksformen sind geschichtlich und kulturell bedingt. Denn in ihnen stellt sich der Mensch dar. Aber die Heilsmächtigkeit, die sie enthalten, stammt vom ewigen Wort. In diesem Sinn sind – wie Augustinus sehr scharf gesehen hat – alle Sakramente christliche Sakramente. Dies gilt auch für die heidnischen Sakramente in den großen Weltreligionen. Denn auch sie vergeschichtlichen die heilswirksame Gnade Gottes und den Liebesplan des Vaters, der sein Heilsprojekt durch Jesus Christus verwirklicht. In Jesus Christus besteht nämlich alles, und durch ihn wurde alles geschaffen (Kol 1,15–20; Joh 1,3). Das ewige Wort Gottes war schon während der ganzen Geschichte am Werk. Die Geschichte ging schwanger mit Jesus Christus.

Heidnische Sakramente sind im Grunde gar nicht heidnisch. Heidnisch ist nämlich ein soziologischer und kein theologischer Begriff. Soziologisch-heidnisch ist jemand, der nicht getauft ist und deshalb nicht zu den Christen gezählt wird. Theologisch gesehen indes gibt es keine Heiden, weil niemand dem Einfluß des ewigen Wortes Gottes entzogen ist. Denn es ist das wahre Licht, das *jeden* Menschen erleuchtet, der auf diese Welt kommt

(Joh 1,9). Die christlichen Sakramente, die in den Weltreligionen artikuliert wurden, wiesen in vertikaler Richtung auf das ewige Wort hin. Sie waren Sakramente Gottes. Essen bedeutete sakramental an der Gottheit teilhaben. Getauft werden bedeutete in das göttliche Leben eintauchen. Verallgemeinernd kann man sagen: Die Sakramente, die wir heute in der Kirche haben, präexistierten schon vor der Kirche. Menschen aller Zeiten standen in einer sakramentalen Verbindung mit der Gottheit (dem ewigen Wort). Die Formen waren anders. Aber das Heil, das vermittelt wurde, war identisch mit der Erlösung, die in vollgültiger und unfehlbarer Weise jetzt in den Sakramenten der Kirche strömt.

2. Von den Sakramenten Gottes zu den Sakramenten Christi

Wenn die Sakramente Gottes (des ewigen Wortes), die in vertikaler Bewegung zum Himmel weisen, in eine Verbindung treten mit der Geschichte Jesu Christi und in sie eingegliedert werden, wobei diese Geschichte Jesu Christi sich übrigens in horizontaler Bewegung wie jede andere Geschichte darstellt, dann werden solche Sakramente zu spezifisch christlichen Sakramenten. Sakramente besitzen eine religiös-kulturelle Dimension, prä-existieren vor einer typisch christlichen Verdeutlichung und sind geschichtlich gewachsen. So gab es schon vor Gründung der Kirche eine Taufe, mittels derer die Menschen ein Neugeborenwerden bekundeten, das die Gottheit forderte. Es gab die Ehe, durch die die Gegenwart der göttlichen Liebe in der Liebe des Menschen zum Ausdruck gebracht wurde. Und es gab – wie wir oben schon besprochen haben – die existentiellen Knotenpunkte mit ihrer sakramentalen Dichte, die das im Leben präsente Geheimnis der Gottheit offenbarte. Es waren dies göttliche und latent christliche Sakramente. Wegen Jesus Christus konnte christlicher Glaube die Beziehung der Sakramente zum fleischgewordenen Gott entdecken. Die Sakramente sind jetzt mit dem Geheimnis des Mensch gewordenen Wortes verknüpft und in die Geschichte eingegliedert, die von Jesus Christus kommt. Die vertikale Dimension kreuzte sich mit der horizontalen. Den Schnittpunkt dieser beiden Bewegungen bildet eben das christliche Sakrament, das auf der einen Seite also das göttliche und in den verschiedenen Religionen prä-existente Sakrament voraussetzt und in sich aufnimmt und auf der anderen Seite eine in diesen göttlichen Sakramenten wenn auch für die Religionen verborgene, aber nichtsdestoweniger präsente Wirklichkeit aufdeckt und jetzt im Licht des Christusgeheimnisses offenbart. Wir sprechen von der Gegenwart des ewigen Wortes, das durch die göttlichen Sakramente wirkt. Aber nicht nur das. Das christliche Sakrament integriert nämlich diese Sakramente so in die Geschichte Jesu Christi, daß Christus in einem spezifischen Sinn ihr Urheber wird. So bedeutet Taufen jetzt nicht mehr einfach Anteil gewinnen am Leben der Gottheit, sondern vielmehr Eintauchen in das Leben Jesu Christi. Das heilige Mahl essen heißt dann nicht mehr bloß Teilhabe an der Gottheit, sondern Essen des Leibes des Herrn und Partizipation an seiner Auferstehungswirklichkeit. Heiraten signalisiert dann nicht mehr nur eine symbolische Vereinigung Gottes mit den Menschen, sondern wird zur Darstellung der Vereinigung Christi mit der glaubenden Menschheit. Von den göttlichen Sakramenten kommen wir so zu den explizit christlichen Sakramenten.

3. Inwiefern ist Jesus Christus nun wirklich der Urheber der Sakramente?

Aus dem Dargelegten wird ersichtlich, in welchem Sinn Christus als Urheber der Sakramente betrachtet werden muß. *Erstens*: Als das ewige Wort teilte er sich immer schon in Liebe und Erlösung in den Riten mit, die die Beziehung der Menschen mit dem Höchsten zum Ausdruck bringen. *Zweitens*: Als Fleisch gewordenes ewiges Wort offenbarte er sich innerhalb einer konkreten Geschichte und bekundete, daß alles in Verbindung mit seinem Geheimnis steht. Aus diesem Grund hat alles eine christologische Tiefe. *Drittens*: Wenigstens für drei Sakramente – Taufe, Eucharistie und Buße – stellte Christus eine ausdrückliche Beziehung zu sich selbst her. Diese drei Sakramente gehören zu den Grundachsen menschlichen Lebens, durch die der Mensch sich in ganz besonderer Weise mit dem Bereich des Transzendenten und mit Jesus Christus verbunden weiß. Wenn man genau hinschaut, entdeckt man leicht, daß die drei Sakramente tief im Leben verwurzelt sind: Die Taufe verkörpert das Neugeborenwerden in Jesus Christus, die Eucharistie die Nahrung für das neue Leben in Jesus Christus und die Buße die Wiedergeburt des Lebens, das von einem verhängnisvollen Tod bedroht war. Da die Sakramente in Jesus Christus integriert sind, vermitteln sie das Leben Jesu Christi. Das ist genau der Sinn, den das Konzil von Trient zum Ausdruck bringen will, wenn es von der Einsetzung der Sakramente durch Jesus Christus spricht. Die Konzilsväter hatten dabei nicht die Absicht, eine historische Aussage zu treffen und damit das Bemühen der Exegeten auszuschalten. Aus den Protokollen und Akten des Konzils geht vielmehr klar hervor, daß man den Begriff ‚einsetzen' im folgenden Sinn verstand: Jesus Christus verleiht dem jeweils zelebrierten Ritus Wirksamkeit. Die Konzilsväter wollten also nicht die Einsetzung des Ritus definieren, sondern seine Heilsmächtigkeit, die nicht aus dem Glauben des Christen oder der Gemeinde resultiert, sondern aus der Gegenwart Jesu Christi selbst.

Indem Christus die Kirche als universales Heilssakrament wollte, wollte er zugleich auch die Sakramente, die das eine umfassende Sakrament im Blick auf die verschiedenen konkreten Situationen des Lebens auffächern. In diesem Sinn wollte er nicht nur die sieben Sakramente, sondern die sakramentale Struktur der Kirche, daß heißt: er wollte, daß die Gnade in Riten, Gesten, Diensten, Zeugnis und Heiligung unter den Menschen sichtbar würde. In diesem *vierten* Sinn kann man von Christus als Urheber der Sakramente sprechen, insofern er also der Gründer des universalen Sakraments Kirche ist. Die oben angeführten Beispiele: Papst Johannes, Papst Paul und Präsident Vargas verdeutlichen vielleicht den Horizont, innerhalb dessen wir auch die Urheberschaft Jesu Christi bezüglich der Sakramente verstehen müssen.

Alles gehört Christus. Denn er führte nicht nur etwas Neues ein, das er selbst und seine Auferstehung ist. Sondern er offenbarte auch, daß alle Dinge heilig sind. Alles ist von ihm erfüllt: gestern, heute und immer. Das spezifisch Christliche besteht gerade darin, in allen Artikulationen der menschlichen Geschichte, besonders dort, wo sich der Mensch am meisten als Mensch offenbart, seine Wirkmächtigkeit und sein Werk zu sehen. Die „natürlichen" Sakramente mit dem Christusgeheimnis in Verbindung bringen zu können, darin besteht das Spezifikum des christlichen Sakramentenverständnisses. Alles, was wahr, heilig und gut ist, ist schon christlich, auch wenn es nicht mit dem Namen ‚christlich' versehen ist. Nichts wird abgelehnt, alles wird angenommen und integriert. Alles wird im Licht der Geschichte des Christusgeheimnisses verstanden. Darin besteht demnach die Trans-figuration: Alles wird – in seiner unterschiedlichen Beschaffenheit – christliches Sakrament, kommt von Christus und führt zu Christus.

11. Kapitel
Das Sakrament des einmal gegebenen Wortes

Das Wort ist nicht primär ein Mittel, mit dem man einem anderen dieses oder jenes mitteilt. Denn noch ehe es eine bestimmte Botschaft übermittelt, hat es schon die Person des Sprechenden selbst dargetan. Das Wort definiert den Menschen; es ist der Mensch, weil der Mensch wesentlich Mitteilung ist. Leider gibt es nur wenige Menschen, die sich dieser tiefen Wirklichkeit bewußt sind. Für solche Menschen stellt sich das Wort als etwas absolut Heiliges dar. Das Wort verdient Respekt, weil jeder Mensch Hochachtung verdient. Für die große Mehrheit ist das Wort nicht mehr als ein Instrument zum Austausch von irgendwelchen Mitteilungen. Mitteilungen, die Interessen erreichbar machen sollen und als solche manchmal auch die Kanäle der Kommunikation und der Begegnung der Menschen untereinander verschmutzen. Es gibt Worte, die gesprochen werden, nicht um Gedanken zu übermitteln, sondern um sie zu verbergen.

Dr. Gomes ist ein erfolgreicher Unternehmer. Seine Geschäfte brachten ihn in Verbindung mit Menschen in den verschiedensten Positionen und Interessengruppierungen. Seine ganze Lebensart ist durchdrungen von einer tiefen und heiteren Gelassenheit, die die Frucht eines ständigen Dialogs mit seinem Innern ist. Er mutet an wie einer jener chinesischen Mystiker, die lächelnd auf einem ungestümen Löwen sitzen, will sagen: er ist ein reifer Mensch, dem es gelungen ist, seine heftigen Leidenschaften unter seine Gewalt zu bringen und sie zu konstruktiven Kräften bei der Verwirklichung eines ausgewogenen Menschenprojekts zu machen. Sein Wort kann sanft und einfühlsam sein wie zärtliche Tränen. Aber ein andermal kann es auch hart und schneidend sein wie ein Schwert. Dabei harmonisieren beide, Sanftheit und Härte, bei ihm in der vollkommenen Kontrolle eines Menschen, der stets Herr der Lage ist. Was aber bei Dr. Gomes am meisten beeindruckt, ist der Wert und das Gewicht, die er in seine Worte legt. Das Wort, das er schreibt, ist glasklar, ohne irgendwelche Mißverständlichkeiten. Wenn er schreibt, gliedert er: erstens, zweitens, drittens... Aber inmitten all der mathematischen Klarheit vermerkt er da und dort ein Wort, das eben nicht Nachrichten, Vorschläge, Daten und Verträge übermittelt, sondern seine Person selbst: „Das Leben ist hart. Niemand bleibt verschont. Die echten Werte, die aus der wohlwollenden Güte Gottes und dem demütigen und geduldigen Einsatz des Menschen stammen, müssen sichtbar werden. Wir sind da, um zu dienen." Immer gibt es ein wohltuendes Licht, das bis in das Dunkel des Waldes vordringt und die kleinen Pflanzen in ihrem unermüdlichen Bestreben nach oben ermuntert. Indessen, was für Dr. Gomes wichtiger ist als das geschriebene, ist das gesprochene Wort: das gegebene Wort und die erzählte Geschichte. Er braucht Zeit dazu, das wesentliche und entscheidende Wort zu sprechen. Zuvor aber holt er Rat ein, analysiert die Dinge, läßt sich Zeit und studiert Leute und Situationen. Wenn er einmal sein Wort gegeben hat, ist das Spiel gelaufen. Mag er auch Geld einbüßen, mißverstanden werden oder Verträge und Dokumente zu seinen Gunsten abschließen bzw. aufstellen können, das Wort, das er zuvor gegeben hat, ist heilig. Es hat ihn als Menschen festgelegt und ist Sakrament. Deshalb kann es nicht aus dem Raum gelöscht werden. Was für gewisse Leute ein Argument für die Belanglosigkeit des gesprochenen Wortes darstellt: Worte, nichts als leere Worte, die sich im Raum verlieren, ohne jemals zurückzukehren – macht für Dr. Gomes gerade ein Argument für seine Heiligkeit aus. Einmal gesprochen, zieht es aus, nimmt seinen Weg durch die Welt und geht niemals verloren, weil es bis ans Ewige rührt und den betreffenden Menschen im Endgültigen festmacht. Das geschriebene Wort hingegen kann leicht ausgelöscht, wegradiert und zerstört werden. Das gesprochene Wort nicht. Es ist unverbrüchlich. Niemand vermag es zu kontrollieren. Es ist transzendent. Wenn es einmal in seiner größten persönlichen Dichte gesprochen ist und auch gehalten wird, wie man Leben und Ehre respektiert, dann ist es das Sakrament par excellence, das jeder betroffene Mensch offenbart und mitteilt. Dr. Gomes ist das, was sein Wort ist: reif, aufrichtig, wahrhaftig und schöpferisch in echter Kommunikation. Aber auch das Wort ist, was Dr. Gomes ist: wirksam, dicht, überlegt, entschieden und läßt Tatsachen entstehen, die das Leben verändern.

1. Die Sakramente wirken ex opere operato: Wie ist das zu verstehen?

Unsere bisherigen Überlegungen haben deutlich gemacht, daß das Sakrament das sichtbar werden läßt, mitteilt und verwirklicht, was es bedeutet. Der Becher vergegenwärtigt das Wasser, das den Durst der ganzen Familie stillte. Genauer besehen, vergegenwärtigt er es aber nicht nur, sondern realisiert bei all den Menschen, in deren persönliche Geschichte er eingegangen ist – aufgrund seiner sakramentalen Kraft – auch noch heute dieselbe Wirkung. Das Brot, das Mutter backt, teilt mit und verwirklicht, was es für die ganze Familie bedeutet: Unser Brot sättigt nicht nur. Vielmehr stillt es noch einen anderen, tieferen Hunger, das Verlangen nämlich nach brüderlicher Gemeinschaft und Einheit. Das Wasser der Taufe übersetzt nicht nur Reinigung und Leben, das ohne Wasser nicht sein kann, sondern spricht von einem neuen Leben und der Reinigung, die das Geheimnis Christi den Menschen gebracht hat. Das eucharistische Brot versinnbildlicht nicht nur die tägliche Speise auf dem Tisch der Menschen. Vielmehr vergegenwärtigt, kommuniziert und verwirklicht es inmitten der Glaubensgemeinschaft das himmlische Brot, das Jesus Christus selbst ist. Dies geschieht dadurch, daß das Brot auf dem Tisch liegt, als solches im gläubigen Menschen an die himmlische Speise erinnert und, indem es auf sie hineinweist, sie auch gegenwärtig sein läßt.

In der christlichen Tradition ist immer behauptet worden, daß die göttliche Gnade unfehlbar in der Realisierung des Sakraments gegenwärtig wird, sofern nur das Sakrament im Glauben und in der Absicht vollzogen wird, mit der universalen Gemeinschaft der Glaubenden zu kommunizieren. Die Gegenwart der göttlichen Gnade im Sakrament hängt nicht ab von der Heiligkeit sei es dessen, der das Sakrament spendet, sei es dessen, der es empfängt. Denn die *Ursache* der Gnade sind weder der Mensch noch seine Verdienste, sondern einzig Gott und Jesus Christus. Deshalb heißt es: Das Sakrament wirkt *ex opere operato,* das heißt: Wenn einmal der sakramentale Ritus vollzogen ist und die heiligen Symbole gesetzt sind, handelt Jesus Christus und kommt in unsere Mitte. Aber nicht kraft der Riten selbst; diese haben ja aus sich selbst nicht die geringste Kraft, sie symbolisieren nur. Sondern aufgrund des Versprechens, das Gott gegeben hat. Anderenfalls redeten wir der reinsten Magie das Wort; in der Magie besitzen nämlich die Riten in sich selbst eine geheime Kraft, die sich zum Nutzen oder Schaden der Menschen auswirkt. Das Sakrament dagegen unterscheidet sich grundsätzlich von der Magie. Christlicher Glaube sagt nämlich, daß Gott im Sakrament menschliche Sakramente wie Brot und Wasser aufgreift, um mit ihnen eine Wirkung zu zeitigen, die ihre eigenen Kräfte übersteigt. So stillt Brot den Hunger und symbolisiert die Geborgenheit in der Familie; in der Eucharistie bedient sich Gott dieser prä-existenten Symbolik, erhebt sie in die Dimensionen des Göttlichen und bewirkt, daß das Brot den Hunger des Menschen nach Erlösung stillt und die neue Gemeinschaft der Erlösten realisiert. Das *ex opere operato* (wörtlich übersetzt: aufgrund des Vollzugs des Ritus) ist zwar eine mißverständliche Formulierung, die von der Kirche aber stets ohne jedes magische Mißverständnis benutzt wurde. Zur negativen Seite hin bedeutet sie: Die sakramentale Gnade wird nicht aufgrund einer Handlung oder einer Kraft, sei es des Spenders, sei es des Empfangenden, erwirkt. Gott allein begründet sie. Christus tauft, vergibt und konsekriert. Der Spender der Sakramente leiht ihm nur seine Lippen, die unwürdig sind, seinen Arm, der allerlei Böses tun kann, und seinen Körper, der Instrument von Schlechtigkeiten sein kann. Gnade geschieht in der Welt immer siegreich, unabhängig von der Situation des Menschen. Zur positiven Seite hin bedeutet die Formel: Sobald der ehrwürdige Ritus vollzogen wird, können wir sicher sein, daß Gott und Jesus Christus zugegen sind.

2. *Christus ist das Garantiewort, das Gott den Menschen gab*

Ein derartiger Glaube an die Kraft der Sakramente, Grundachsen des Lebens, gründet in einem christologischen und ekklesiologischen Sachverhalt. Der getötete und auferweckte Jesus Christus ist das Ja und das Amen, das Gott den Verheißungen verliehen hat, die er den Menschen gegeben hat (vgl. 2 Kor 1,19). In ihm und durch ihn hat Gott uns angenommen und verziehen. Jesus ist das Garantiewort, das er zu einem jeden gesprochen hat. Vor Christus lebte der Mensch aus der Hoffnung darauf, daß es mit seinem Leben und seinem Tod ein gutes Ende haben würde. In der Auferweckung Jesu sah er, daß Gott uns in der Tat definitiv angenommen hat. Alle Angst wurde vertrieben, jedes Gefühl der Bedrohung verbannt. In Christus setzten sich der Sieg der Liebe und der Triumph der Gnade für immer durch. Wir sahen ja schon: Da Jesus Christus all dies ist, konnte er als Ur- und Quell-Sakrament Gottes und seiner Erlösung gelten und auch so bezeichnet werden. Die Kirche ist ihrerseits das Sakrament Christi und verlängert seine Sakramentalität durch die ganze Geschichte hindurch. In der Kirche ist das christliche Geheimnis mit seiner ganzen Verdeutlichung erhalten. Die Sakramente sind Gesten der Kirche, die den Menschen in den entscheidenden Achsen seines Leben treffen. Sie fächern das universale Sakrament der Kirche auf und konkretisieren es. Sie realisieren das Sein der Kirche in der Konkretheit der verschiedenen Situationen u. a. von Geburt, Reifwerden, Ernähren, Vergeben, Liebe und Tod. Die Sakramente sind Gesten vor allem Christi, der durch seinen Leib – die Kirche – wirkt und in ihnen eine dauernde, endgültige, erfahr- und erkennbare Garantie dafür gibt, daß Gnade dem konkreten Menschen zukommt. Unabhängig von Verdienst oder Schuld des Menschen hat Gott sein kategorisches Ja zu uns gesprochen. Das *ex opere operato* will nichts anderes als mit allem Nachdruck diese Wahrheit festhalten. Gott hat uns zuerst geliebt, und zwar schon, als wir noch seine Feinde waren. Ohne jedes Verdienst unsererseits bietet Gott uns in Jesus Christus, der Kirche und den sieben Sakramenten seine ganze Liebe an.

Ähnlich verhält es sich auch mit Dr. Gomes: Wenn er sein Wort gibt, legt er seine ganze Ehre in es; denn das einmal gegebene Wort gilt mehr als alle Verträge zusammen, so perfekt sie auch auf der juristischen Ebene formuliert sein mögen. Gott hat uns in Jesus Christus sein Wort gegeben, das ihn total in Pflicht nahm. Die Sakramente wollen konkretisieren, was dies für die verschiedenen Situationen des menschlichen Lebens bedeutet. Doch sind die Riten, mit denen wir die existentiellen Knotenpunkte des Lebens umgeben, nicht bloß reine Kanäle der Gnade. Vielmehr sind sie die Gnade selbst in sichtbarer Gestalt und signalisieren als solche den Einbruch des göttlichen Heilsaktes in die Geschichte. Wenn wir die Sakramente zelebrieren, kosten wir schon – in einem Vorgriff auf noch Ausstehendes – den letztgültigen Triumph Gottes über alle menschliche Bosheit … eben weil es so etwas wie das Sakrament gibt.

12. Kapitel
Das Sakrament der eingelösten Antwort und der gefeierten Begegnung

Die Familien Savoldi und Rothaus waren allseits bekannt in der kleinen Stadt: Leute von echtem Schrot und Korn, stark und heftig, aber auch fleißig und ehrlich. Jedoch: Seit Jahren herrschte eine bittere Feindschaft zwischen ihnen. In jeder Familie hatte es schon zwei Tote gegeben. Auch Verwandte waren in die Feindschaft verwickelt worden. Die Geschichte der Familien von Romeo und Julieta schien sich bei ihnen zu wiederholen. Alles hatte damit angefangen, daß eine Heirat zwischen den beiden Familien in die Brüche gegangen war. Anklagen gingen hin und her. Böse Gerüchte kamen hinzu. Die haßerfüllte Atmosphäre steigerte sich bis zum Verbrechen. Dem Pfarrer gelang es, Familie Savoldi zur Versöhnungsbereitschaft zu bewegen. Erleichtert wurde der Schritt dadurch, daß eine Tochter, die Ordensfrau war, und ein Sohn, der im Priesterseminar studierte, das Ihre taten. Schließlich herrschte bei den Savoldis ein echter Geist der Vergebung. Wiederholt versuchten sie, mit Familie Rothaus ins Gespräch zu kommen. Vergebens. Die Friedensangebote wurden mit erneuten Drohungen beantwortet. Zur Versöhnung kam es nicht, ja, sie war nicht einmal abzusehen, und das trotz allen guten Willens der Savoldis. Wenn es wahr ist, daß, wenn zwei keinen Streit wollen, es keinen Hader gibt, so stimmt es auch, daß, wenn dieselben zwei keinen Frieden wollen, es keine Versöhnung gibt. Sonnenschein nützt nichts, wenn die Pflanze mittlerweile verdorrt ist. Wasser ist umsonst, wenn der Boden nur aus Steinen besteht. Man redet gegen Wände, wenn der andere nicht zuhören will. Aber wenn die Pflanze kräftig ist, wird sie bei Sonnenschein noch üppiger. Wenn der Boden aus fruchtbarem Erdreich besteht, bringt der Regen die Saat zum Sprießen. Wenn jemand annimmt, was ein anderer zu sagen hat, dann besteht eine Chance, daß es zu einer Begegnung kommt. Aus der Begegnung entwickelt sich dann Freundschaft, aus der Freundschaft Liebe und aus Liebe alles, was es an Großem auf der Erde gibt. Wenn man genau hinsieht, entdeckt man, daß kein Wesen für sich allein lebt. Nicht einmal Steine. Entweder liegen sie verborgen im Schoß der Erde, oder heulende Winde fegen über sie her, oder die Wellen des Wassers umspülen sie. Alles lebt von der Begegnung. In der Begegnung zwischen Himmel und Erde, von Männlich und Weiblich, von Mensch und Gott blüht und wächst die ganze Wirklichkeit der Schöpfung. Beim Sakrament kann es nicht anders sein. Bei einer bestimmten Gelegenheit kamen Kapuzinermissionare in die Stadt. Mehr als vierzehn Tage lang gab es strenge Predigten. Die Patres wurden von den Streitigkeiten zwischen den Familien Savoldi und Rothaus unterrichtet. Einer von ihnen bearbeitete beide Familien. Es gelang ihm, sie zu überzeugen, und es geschah das Sakrament der Versöhnung. Die Arme öffneten sich, und es kam zu einer Verbrüderung der Familien. Dabei erfreute der Wein das Herz aller und erleichterte es ihnen so, alten Schmerz zu begraben. Nachrichten aus der Stadt lassen mich heute noch wissen von der Eintracht und dem Frieden zwischen den Savoldis und den Rothaus!

1. Sakrament als Vor-gabe Gottes und Rück-gabe der Menschen

Die Theologie des *ex opere operato* will die stets gegenwärtige Vor-gabe Gottes betonen. Diese unterliegt auch dann nicht, wenn sie vom Menschen abgelehnt wird. Sie bleibt unentwegt als letztgültiges Angebot Gottes an die Menschen bestehen. Allerdings besteht das Sakrament nicht nur aus der Initiative Gottes. Es ist nämlich auch Antwort des Menschen, d. h. Rück-gabe des Menschen der göttlichen Vor-gabe. Nur wenn der Glaubende Gottes Vor-schlag demütig annimmt, kommt das Sakrament voll zustande und bringt auf der mit göttlicher Gnade getränkten Erde wirkliche Früchte. Das Sakrament erweist sich grundsätzlich als Begegnung zwischen Gott, der zum Menschen herab-steigt, und dem Menschen, der zu Gott hinauf-steigt. Ohne die Integration dieser doppelten Bewegung bliebe das Sakrament Stückwerk. Deshalb genügt es nicht, nur das *ex opere operato* hervorzuheben. Ebenso unabdingbar ist zu unterstreichen, daß der Mensch sich offen halten muß. Auf dem Konzil von Trient wurde nämlich auch die Formulierung getroffen: *non ponentibus obicem* (wörtlich: kein Hindernis in den Weg legen). In Trient wurden ganz deutlich beide Aspekte festgehalten: die unzerstörbare Sicherheit der göttlichen Sympathie, die – auch wenn Menschen sie ablehnen – niemals zunichte gemacht werden kann, und die Notwendigkeit von Umkehr und Beseitigung aller Hindernisse, damit die göttlich-menschliche Begegnung stattfinden kann und das

Sakrament sich voll realisiert. Die Gnade des Sakraments, so lehrten die Konzilsväter, wird dem zuteil, der ihr kein Hemmnis entgegenstellt (DS 1606). Widrigenfalls wird die Gnade zwar sichtbar und die Geste vollzogen, die die Gegenwart des Herrn in unserer Mitte andeutet, aber er wird nicht aufgenommen, trifft auf verschlossene Türen, und das Drama von Weihnachten wiederholt sich: Er kam in sein Eigentum, aber die Seinen nahmen ihn nicht auf ... denn in der Herberge war kein Platz für ihn (Joh 1,11; Lk 2,7).

2. *Sakramentale Begegnung bedarf einer langen Vorbereitung*

Es ist deutlich geworden: Sakrament ist nicht nur Ritus. Damit ein vollgültiges Sakrament zustande kommt, bedarf es eines ganzen Lebens, das sich wie die Blüte zum Licht wendet oder wie die Sonnenblume dem Lauf der Sonne folgt. Wesentlich zum Sakrament gehört auch der Prozeß der Umkehr und der Suche nach Gott. Man darf sich also nicht das Sakrament als etwas Statisches und zeitlich auf den Moment der Ausführung des Ritus Festgelegtes vorstellen. Die Zeremonie ist nur der höchste Punkt im Gebirge des Lebens, bis zu dem hinauf der Aufstieg und von dem herab der Abstieg führt. Dieser ganze Prozeß von Auf- und Abstieg gehört zum Sakrament dazu. Der Mensch entdeckt in den signifikanten Gesten des Lebens allmählich Gott und seine Gnade. Nach und nach öffnet er sich und nimmt seinen Advent an. Er feiert die Epiphanie Gottes. Schließlich zelebriert und verkostet er in der offiziellen Zeremonie die Glaubensgemeinschaft und in den zerbrechlichen Gestalten der materiellen Elemente und der ehrwürdigen Worte das Sichtbarwerden Gottes. Nach der sakramentalen Zeremonie lebt der Mensch aus der Kraft, die er geschöpft hat, und gibt dem Sakrament Kontinuität in seinem Leben. Die Gnade begleitet ihn unter anderem Zeichen und führt ihn von Aufbruch zu Aufbruch und von Begegnung zu Begegnung bis hin zur letzten und endgültigen Umarmung.

Ohne Umkehr würde die Feier des Sakraments zu einer Beleidigung Gottes. Wollte man die deutlichsten Zeichen der Sichtbarkeit Christi ohne die notwendige und sachgerechte innere Reinigung in die Welt setzen, würde man Perlen vor die Säue werfen. Für die Begegnung muß man das Herz in der Hand halten. Für die Liebe muß man rein sein und für das Fest versöhnt. Ohne Vorbereitung ist Begegnung Formalismus, Liebe Leidenschaft und Fest Orgie.

3. Sakrament und Befreiungsprozeß

Wenn jemand kommuniziert, dann muß er ein Element der Kommunion sein in der Gruppe, in der er lebt. Wenn jemand das Opfer Christi und seinen gewaltsamen Tod feiert, dann muß er dasselbe Opfer auf sich nehmen und bereit sein, seinen christlichen Glauben so zu leben, daß er es als normal versteht, verfolgt, gefangengenommen und gewaltsam getötet zu werden. Wenn jemand tauft oder getauft wird, dann muß er in seiner Gemeinschaft Zeuge des Glaubens sein. Wenn jemand Versöhnung sucht und im Sakrament der Umkehr Vergebung findet, dann muß er in einer konfliktgeladenen Gesellschaft Zeichen der Versöhnung sein. Wie könnte er ehrlichen Herzens im Sakrament privat um Versöhnung bitten und sie auch erlangen, wenn er draußen im Leben auf seiner Arbeit oder in seinem Betrieb fortführe, ungerechte Löhne zu zahlen und Menschen zu behandeln, als wären sie Handelsware? Sakramentale Versöhnung, die keinen Wandel des Lebens impliziert, ist sinnlos und beleidigt Gott mehr, als sie ihn verherrlicht. Nicht ohne Grund konnte Paulus die Warnung aussprechen: Sakrament ohne Umkehr ist Fluch, ohne Vorbereitung Verdammung (vgl. 1 Kor 11,27–29).

Jedoch: wenn das Sakrament im alltäglichen Leben vorbereitet wird, dann wird seine Feier zu einer starken Ausdrucksform eines vom Glauben erleuchteten Lebens und vermittelt Leben, das Glauben und Leben verlebendigt.

Sakrament erfordert also Engagement. Übrigens bedeutete das Wort *sacramentum* für die ersten Christen, sofern sie lateinisch sprachen, genau Engagement und heilige Verpflichtung. Engagement zu Wandel und Praxis. Umkehr, die nicht nur in Aneignung neuer Überzeugungen von Gott, dem Geschick des Menschen und der Hoffnung auf Befreiung durch Jesus Christus bestand. Umkehr war vor allem Engagement vermittels neuer Haltungen, die die Christen gegenüber den damals bestehenden gesellschaftlichen Institutionen einnahmen: machte sie subversiv gegen die religiös-heidnischen Werte, gegen die göttliche Anbetung der Kaiser und gegen die geltende Familienethik. In der Urkirche erhielt nur der das Sakrament der Taufe (den Ritus), der sich für das Engagement (sacramentum) im Martyrium bereit erklärte. Durch das Wort sacramentum brachte man diese Haltung des Sich-in-die-Pflicht-genommen-Fühlens zum Ausdruck. Später ging man dazu über, das Wort sacramentum für den Ritus zu benutzen, der diese Verpflichtung ausdrückt, wie die Riten von Taufe, Eheschließung und Eucharistie. Somit wird ganz deutlich, daß Sakrament den Höhepunkt eines ganzen Prozesses bedeutet, der Umkehr, Übernahme von Pflichten und des Engagements zugunsten des erneuernden und befreienden Anliegens Christi. Ritus ohne Engagement, das dieser voraussetzt, verkörpert und ausdrückt, ist Magie und Lüge vor Gott und den Menschen.

13. Kapitel
Dia-bolisches und Sym-bolisches im Universum des Sakraments

In Galiläa erhob sich ein Mensch und verkündete, daß diese Welt einen ewigen Sinn hat, daß das Leben fürs Leben und nicht für den Tod bestimmt ist, daß das Glück, das wir von Gott erhoffen, denen gehört, die weinen, verfolgt, verleumdet und gefoltert werden, und daß diese Welt ein gutes Ende hat, das Gott uns schon garantiert hat. In Galiläa verkündet er dem ganzen Volk eine große Freude und gute Nachricht. Der Mensch war der Sohn des fleischgewordenen Gottes, Jesus Christus, unser Befreier. Er tat nur Gutes: heilte, vergab Sünden, weckte Hoffnungen, erweckte Tote wieder zum Leben und liebte alle Menschen. Trotzdem war er Anlaß eines Skandals. Wie der alte, erfahrene und heiligmäßige Simeon sagte: Dieses Kind wird zum Grund von Skandal, Verderben und Heil für viele in Israel (vgl. Lk 2,34). In der Tat. Die einen hielten ihn für einen Säufer und Freßsack (Mt 11,19), der Umgang pflegt mit verdächtigen Kreisen (Mk 2,16), für ein subversives Element (Lk 23,2), einen Häretiker (Joh 8,48), Verrückten (Mk 3,20), Besessenen (Lk 23,2) und Gotteslästerer (Mk 2,7). Andere indessen sehen in ihm einen Meister, Gerechten, Heiligen, Befreier, den Gesandten Gottes, den Retter der Welt und den in der Welt gegenwärtigen Gott. Wie man in der Urkirche sagte: Für einige ist er der Stein des Anstoßes, der vom Weg weggenommen und weit weggeworfen wird, und für andere ist er der Eckstein, über den ein festes Gebäude errichtet wird (vgl. 1 Petr 2,6; Röm 9,33; Lk 20,17; 1 Kor 3,11).

In der Tätigkeit Jesu ist ein sym-bolisches Element zu beobachten, das – wie schon das Wort sym-bolisch nahelegt – zusammenführt, vereinigt und auf Gott hinweist. Diejenigen, die ein aufrechtes Herz hatten, ehrlich das Heil suchten und den definitiven Befreier aus der dekadenten menschlichen Situation erwarteten, verstanden und akzeptierten Jesus. Sie entdeckten, wer er war, und bezeugten: „Du bist der Messias, der Sohn des lebendigen Gottes“ (Mt 16,17). Und das trotz des unscheinbaren Äußeren, der einfachen Herkunft und der Schwäche Jesu. Zusammen mit diesen jubelte er und rief aus: „Glücklich, die an mir keinen Anstoß nehmen!“ (Lk 7,23; Mt 11,6).

Diejenigen, die an ihren Wahrheiten und Traditionen klebten, diejenigen, die soziale und als religiös ausgewiesene Interessen vertraten, die Etablierten und die, die mit ihrem Leben zufrieden waren, oder diejenigen, die nichts mehr erwarteten, weil sie schon alles hatten, wie auch die, die auf einen Messias warteten, der ihre Privilegien, Überlieferungen, Dogmen und Überzeugungen bestätigen sollte,... all diese sahen in Jesus ein dia-bolisches Element. Wie das Wort dia-bolisch nahelegt, meinten sie, Jesus trenne, zersplittere und bringe Religion und Staat in Gefahr. Sie hatten sogar Recht. Denn Jesu Anliegen war es, zu hinterfragen. Er forderte Umkehr und rechtfertigte nicht den gesellschaftlichen oder religiösen Status quo. Er postulierte eine neue Art der Beziehung der Menschen untereinander und aller Menschen mit Gott. Die Inhaber der religiösen, richterlichen und gesellschaftlichen Macht bekamen derartige Forderungen zu spüren. Wer sich auf Jesus einläßt, muß seine Praxis ändern. Das bedeutet natürlich ein großes Risiko. Früher wie heute ist es leichter, den Reformator zu isolieren und zu liquidieren, als seine Reform einzuführen. Deshalb wurde Christus verleumdet, verfolgt, gefangengenommen, gefoltert und gekreuzigt.

Er war das Sakrament Gottes in der Welt. Sakrament des Lichtes. Licht zeigt die dunklen Stellen im Haus und legt alles offen. Entweder nimmt man das Licht an und wird zu einem Kind des Lichtes, oder man wird es verleumden und versuchen, es zu löschen. Licht schadet und schmerzt in den Augen. Aber das Licht hat keine Schuld, daß es leuchtet, auf dunkle Stellen hinweist und zutage fördert, was man lieber versteckt halten würde. Wie jedes Zeichen kann man auch das Licht verstehen oder mißverstehen. Es gehört zum Wesen eines Zeichens, Sym-bol zu sein für den, der es versteht, oder dia-bolisch auf den zu wirken, der es nicht versteht. Ein solches Risiko haftet jedem Zeichen an. Auch Jesus Christus, das größte, letzte und definitive Zeichen Gottes, konnte dieser Gefahr nicht entrinnen.

1. Das sym-bolische Moment im Sakrament

Das Sakrament besitzt ein sym-bolisches Moment, indem es verschiedene Ebenen vereinigt, an etwas erinnert und vergegenwärtigt. *Erstens* setzt das Sakrament den Glauben voraus. Ohne Glauben ist ein Sakrament sinn- und wertlos. Mit dem Sakrament verhält es sich wie mit dem sakramentalen Trinkbecher. Nur für den, der Erlebnisse und ein tiefes Zusammen-leben mit ihm gehabt hat, ist er bedeutsam und symbolisiert mehr als einen einfachen Aluminiumbecher. Nur für den gläubigen Menschen werden die ehrwürdigen Riten und die Höhepunkte des Lebens zu – geheimnisvollen – Vehikeln der Vergegenwärtigung göttlicher Gnade. Widrigenfalls werden sie zu leeren, mechanischen und im Grunde lächerlichen Zeremonien.

Zweitens bringt das Sakrament den Glauben zum Ausdruck. Glaube besteht grundsätzlich nicht in einem Ja zu einem Credo von theoretischen Wahrheiten über Gott, Mensch, Welt und Erlösung. Glaube ist vielmehr eine Grundhaltung, die auf keine fundamentalere Haltung mehr reduziert werden kann und in der sich der Mensch öffnet und eine Transzendenz annimmt, die sich innerhalb der Welt als der unüberbietbare Sinn der Welt ankündigt. Die Religionen nannten diese Transzendenz, die in der Welt aufgespürt werden kann, Gott oder Geheimnis. Das Sakrament macht die legitimste Form des dialogischen Gesprächs mit Gott aus, das sich in zwei Bewegungen artikuliert: Einmal bringt sich der Mensch in und durch das Sakrament Gott gegenüber zum Ausdruck, verherrlicht und bittet ihn um Leben und Vergebung; zum anderen teilt sich auch Gott im Sakrament dem Menschen mit, indem er ihm Liebe, Leben und Vergebung zukommen läßt. Wenn das Sakrament nicht Ausdruck des Glaubens ist, degeneriert es zu Ritualismus und Magie. Damit wäre seine sym-bolische Dimension entleert.

Drittens setzt das Sakrament den Glauben nicht nur voraus und bringt ihn zum Ausdruck, sondern ernährt ihn auch. Indem der Mensch sich ausdrückt, verändert er sich selbst und die Welt. Indem er sich eine konkrete

Form gibt und sich objektiviert, arbeitet er jene Gesten und jene Worte aus, die die Nahrung für seinen Glauben und seine Religion bilden. Religion ist der Gesamtzusammenhang der geschichtlichen Ausdrucksformen des Glaubens im Rahmen der Möglichkeiten einer bestimmten Kultur. Religion bildet einen Komplex von Symbolen, der insgesamt den Glauben unentwegt ernährt. Das Sakrament ist ihr Herzstück und die Gnade ihr Herzschlag.

Viertens konkretisiert das Sakrament die universale Kirche im Blick auf einen bestimmten Knotenpunkt des Lebens wie u. a. Geburt, Heirat, Essen, Trinken und Krankheit. Deshalb hat es nicht viel Sinn, wenn jemand ein Sakrament der Kirche empfangen will und dabei überhaupt keine effektive Bindung an diese Kirche hat. Das Erleben eines einzelnen Sakraments, das ja das universale Sakrament Kirche konkretisiert, fordert ein sachgerechtes Erleben auch dieses universalen Sakraments Kirche. Nur so wird die Gefahr der Magie vermieden, und das Sakrament gewinnt seine wirkliche sym-bolische Funktion.

Schließlich hat und verkörpert das Sakrament eine dreifache symbolische Funktion. Das Sakrament ist *rückblickende Erinnerung*: Es verweist auf die Vergangenheit, in der das Ereignis der Erlösung und der Gnade in die Geschichte einbrach, und hält die Erinnerung an die Sache der umfassenden Befreiung wach, d. h. an Jesus Christus und die Geschichte seines Geheimnisses. Überdies ist das Sakrament *vergegenwärtigende Erinnerung*: Es feiert im Hier und Heute des Glaubens die Präsenz der Gnade, die im Ritus sichtbar wird und sich im menschlichen Leben mitteilt. Schließlich ist das Sakrament *Antizipation*: Es nimmt in der Gegenwart die

Zukunft voraus, das ewige Leben, die Gemeinschaft mit Gott und das Zusammensein mit allen Gerechten.
Aus dem Dargelegten dürfte erhellen, daß das Glaubenssakrament ständige Umkehr, Kon-version, fordert. Konversion aber ist unentwegtes Sich-zuwenden zu Gott und Jesus Christus, das jedoch nicht nur verstandesmäßig, sondern praxisbezogen ist. Kon-vertieren heißt die Gegenwart Gottes und seine Gnade in allen Dingen und in allen Situationen des Lebens suchen und in Übereinstimmung mit dieser formenden Gegenwart Gottes leben. Wer so ehrlichen Herzens sucht, wird auf seinem Weg immer einen Stern finden. Der Ort der Begegnung wird dann allmählich heilig und die Geste sakramental. In Worten und Zeremonien feiern wir die Begegnung mit dem Göttlichen. Die Zeichen, die wir setzen, drükken diese Begegnung aus. Die Sakramente des Lebens zelebrieren das Leben der Sakramente.

2. *Das dia-bolische Moment im Sakrament*

Das Sakrament kann aber auch eine dia-bolische Funktion haben, wenn es trennt, Anstoß hervorruft und auf Abwege führt. Das Sakrament kann zum *Sakramentalismus* entarten. Dann feiert man das Sakrament, ohne daß es zur persönlichen Bekehrung kommt. Zeichen, die die Gegenwart des Herrn symbolisieren, werden gesetzt, ohne daß das Herz entsprechend vorbereitet wird. Sakramente dienen dazu, das Ja zum Glauben auszudrücken. Wenn der Glaube aber ohne praktische Konsequenzen bleibt, ist er reine Ideologie und verändert nichts am Leben. Das Christentum von kleiner Bourgeoisie und gehobener Mittelschicht erweist sich häufig als rein sakramentalistisch. Es ist dies ein Glaube, auf den man eine Stunde pro Woche bei der Sonntagsmesse verwendet oder der einem in einigen wichtigen Augenblicken des Lebens nützt, wie zum Beispiel bei einer Taufe, einer Heirat oder einer Beerdigung. Dann werden Riten ausgeführt, die aber nicht auf einem lebendigen Glauben gründen, und im täglichen Leben werden nach wie vor Haltungen praktiziert, die dem Glauben widersprechen: Menschen beuten Menschen aus, und Habsucht und Profitgier schießen ins Kraut.

Man hat die Feststellung gemacht, in das Universum des Sakraments habe sich ein *kapitalistischer Geist* infiltriert. Es gibt nämlich Leute, die jede, aber auch wirklich jede Gelegenheit nutzen, um Sakramente zu empfangen und um damit Gnaden über Gnaden zu sammeln. Ihr Anliegen geht also nicht in Richtung auf eine persönliche Begegnung mit dem Herrn, sondern auf Sammlung von Gnaden, und zwar in dinghaften Kategorien, als ob göttliche Gnaden Gegenstände wären, die man zusammentragen und in eine Sammlung einordnen könnte. Die sakramentale Konsumhaltung, ohne rechtes Verständnis der dialogischen Struktur des Sakraments, das immer Umkehr und Glauben voraussetzt, hat auf eine verhängnisvolle Weise den volkstümlichen Katholizismus infiziert.

Darüber hinaus verdirbt ein weiteres dia-bolisches Moment das Sakrament: *der Geist der Magie*. In diesem Fall wird der Ritus weder verstanden noch gelebt als kulturelle Ausdrucksform des Glaubens, die Christus in seinen Dienst nimmt, um sich in ihr zu vergegenwärtigen und durch sie seine Liebe und Gnade mitzuteilen (ex opere operato). Sondern das Sakrament – so denkt man fälschlicherweise – wirkt aufgrund einer geheimnisvollen Kraft, die den sakramentalen Elementen in-

newohnt, aus sich selbst. Nicht Christus ist der Grund, sondern die Zeremonie in sich selbst. Es ist dies ein magisches Verständnis und Erleben des Sakraments. Ehrfurcht und Respekt vor dem ehrwürdigen Ritus artikulieren keine Ehrfurcht und keinen Respekt vor der Gegenwart des Herrn, sondern bekunden die Angst, die Zeichen nicht in korrekter Weise zu setzen und damit anstatt von Segen Fluch auf sich zu ziehen. Auch eine Wiederholung des Sakraments, wie zum Beispiel die Taufe, geschieht in Funktion des magischen Mißverständnisses, als ob die Taufe das Kind, wenn es krank ist, zu heilen vermöchte. Und falls es notwendig ist, wird das Kind so oft getauft, bis die Gefahr gebannt ist.
Die Zeichen, die den definitiven Sieg der Gnade in der Welt konkretisieren, wurden in die Hände von Menschen gelegt. Trotz aller menschlichen Sünde und Unwürdigkeit lassen sie das unwiderrufliche Ja sichtbar werden, das Gott in Jesus Christus zu allen Menschen gesprochen hat. Obgleich der einzelne die Wirksamkeit des Sakraments zunichte machen kann, garantieren sie insgesamt für das Hier und Heute der Geschichte den Triumph der Gnade über die Sünde. Da die Sakramente Menschen überantwortet wurden, können sie schlecht gebraucht und mißbraucht werden und sich in Zeichen der Verdammung verwandeln.
Wie Jesus Christus selbst haben auch sie unausweichlich Anteil an der Zwei-deutigkeit eines jeden Zeichens. Sie sollen Sym-bole von Heil und Gnade sein, können aber auch dia-bolische Signale von Verderben und Unheil sein. Denn sie sind eben Sakramente.

14. Kapitel
Schluß: Sakramentenlehre in Thesen

Wenn wir nun abschließend die Struktur des Universums der Sakramente in einigen Thesen zusammenfassen wollen, ergibt sich folgendes Bild:

1. Sakrament ist vor allem eine bestimmte Art zu denken. Sakramentales Denken versteht die Wirklichkeit nicht als Sache, sondern als Symbol. Das Symbol entsteht dabei aus der Begegnung des Menschen mit der Welt. In dieser Begegnung erfahren sowohl der Mensch als auch die Welt einen Wandel.
2. Sakramentales Denken als eine ganz spezifische Art zu denken ist universal, will sagen: alles und nicht nur einige wenige Dinge können zu einem Sakrament werden.
3. Die Struktur menschlichen Lebens – insofern es menschlich ist – hat sakramentalen Charakter. Je mehr der Mensch sich auf Beziehungen mit der Welt und mit anderen Menschen einläßt, desto mehr öffnet sich ihm die Spannweite von Bedeutung, Symbolik und Sakramentalität.
4. Jede christliche oder heidnische Religion besitzt auch eine sakramentale Struktur. Religion entspringt nämlich der Begegnung des Menschen mit der Gottheit. Dabei wird diese Begegnung vermittelt und gefeiert u. a. in

der Welt, in einem Stein, einem Gebirge oder in einem Menschen. Das Medium der Begegnung gewinnt Sakramentalität. Derartige Gegenstände, Personen oder geschichtliche Fakten werden zu Sakramenten für alle die Menschen, die in ihnen eine Erfahrung mit Gott gemacht haben. Jedoch: Glaube schafft keine Sakramente, sondern läßt im Menschen eine Perspektive entstehen, in der er in den Dingen oder in der Geschichte die Gegenwart Gottes wahrzunehmen vermag. Gott ist immer in allem präsent. Freilich gibt sich der Mensch nicht in jedem Fall Rechenschaft von dieser Tatsache. Der Glaube ermöglicht es ihm, in der Welt Gott zu erahnen. Dann trans-figuriert sich die Welt mit ihren Dingen und Fakten: Sie wird zu mehr als nur Welt, sie wird zum Sakrament Gottes. Deshalb können auch nur die Menschen, die sich zum christlichen Glauben bekennen, christliche Sakramente verstehen. Für alle anderen ist das christliche Sakrament zwar nicht weniger Sakrament, es wird von ihnen nur nicht als solches wahrgenommen. Für Uneingeweihte sieht das Brot wirklich nur wie Brot aus und das Wasser nur wie Wasser. Für den Christen hingegen ist das Brot mehr als Brot, es ist der Leib Christi. Das Wasser ist mehr, als die Augen zu sehen imstande sind, es ist die sichtbare Gestalt innerer Reinigung. Deshalb lehrt auch das II. Vatikanische Konzil: „Die Sakramente setzen nicht nur den Glauben voraus, sondern nähren, stärken und drücken ihn mit Worten und in Dingen aus. Deshalb werden sie Glaubenssakramente genannt" (Sacrosanctum Concilium Nr. 59).

5. Für die jüdisch-christliche Überlieferung ist die Geschichte der vorrangige Ort der Begegnung mit Gott. Sie ist Geschichte des Heils oder des Verderbens. Die Heilsgeschichte, die sich von Adam bis zum letzten Hei-

ligen erstreckt, gilt als Sakrament oder auch als Geheimnis.
6. Auch die verschiedenen Abschnitte der Geschichte werden Sakramente genannt: die Anfänge, Israel, die Zeit der Propheten, die Zeit Christi, die Zeit der Kirche und die Ewigkeit in der Herrlichkeit Gottes.
7. Jesus Christus, Höhepunkt der Heilsgeschichte, wird vor allem anderen und vor allen anderen das Ursakrament Gottes genannt.
8. Die verschiedenen Phasen der Geschichte Jesu gelten ebenfalls als Sakramente: Geburt, Kindheit, öffentliches Leben, Leiden und Auferstehung.
9. Da die Kirche der fortlebende Christus ist, heißt auch sie universales Heilssakrament.
10. Auch die einzelnen Abschnitte des Geheimnisses Kirche werden als Sakramente bezeichnet: die Kirche des Ursprungs, die Kirche Israels, die Kirche Christi und die Kirche der Herrlichkeit.
11. Wenn die Kirche als ganze Sakrament ist, dann hat auch alles, was in der Kirche existiert, und alles, was sie tut, sakramentale Struktur. Liturgie ist Sakrament, karitativer Dienst ist Sakrament, prophetische Verkündigung ist Sakrament, und auch das konkrete Leben der Christen ist Sakrament.
12. Innerhalb des gesamten sakramentalen Komplexes Kirche sind die sieben Sakramente hervorzuheben. Sie symbolisieren die Gesamtheit des menschlichen Lebens, insofern es auf sieben fundamentalen Achsen ruht. An diesen Knotenpunkten des Lebens fühlt sich der Mensch einer Kraft verbunden, die ihn transzendiert und zugleich aber auch trägt. In ihnen erkennt er Gott, so daß er sie als Höhepunkt seiner Existenz ritualisiert.
13. Jesus Christus ist Urheber der Sakramente, da er die

Wirkmächtigkeit aller christlichen und heidnischen Sakramente ist. Und wenn man es schärfer formuliert: Indem er die Kirche wollte, wollte er auch die Sakramente, die die Kirche im Blick auf die verschiedenen Situationen des Lebens auffächern und konkretisieren.

14. Die Formulierung *ex opere operato* will besagen, daß die unfehlbare Gegenwart der Gnade in der Welt nicht abhängt von der subjektiven Verfassung, sei es dessen, der das Sakrament spendet, sei es dessen, der es empfängt. Die Gnade wird im Ritus selbst präsent und bekundet die Glaubenswahrheit, daß Gott in Jesus Christus ein definitives Ja zu den Menschen gesprochen hat. Menschliche Unwürdigkeit kann das Ja Gottes nicht in Gefahr bringen. Es ist unwiderruflich siegreich.

15. Die unfehlbare Gegenwart der Gnade im Ritus der Kirche wird aber nur dann wirksam, wenn der Mensch sein Herz öffnet und vorbereitet. Das Sakrament wird nur vollgültig in der Begegnung zwischen Gott, der dem Menschen entgegengeht, und dem Menschen, der Gott entgegengeht. Das *ex opere operato* muß zusammen mit dem *non ponentibus obicem* gedacht werden. Nur dann blüht die Gnade Gottes im Leben des Menschen.

16. In der lateinischen Urkirche bedeutete das Wort *sacramentum* anfänglich eine solche Umkehr des Menschen zu Gott und schloß, genau betrachtet, die heilige Pflicht mit ein, aus den Forderungen des christlichen Glaubens folgerichtig bis zum Martyrium zu leben. Später dann trat ein Wandel in der Sinngebung ein. Jetzt bezeichnete das Wort Sakrament den Ritus, der die Übernahme der Pflicht des Christen gegenüber der Befreiungsbotschaft Jesu Christi zum Ausdruck brachte, wie zum Beispiel Taufe, Eucharistie und Eheschließßung.

17. Jedes Zeichen kann zu einem Gegen-zeichen werden. In jedem Sakrament besteht notwendigerweise ein sym-bolisches Moment, das an Jesus Christus und Gott erinnert und uns mit ihnen vereint, und kann es darüber hinaus auch ein dia-bolisches Element geben, das von Gott und Jesus Christus trennt und uns von ihnen entfernt. Sakramentalismus, sakramentale Konsumhaltung und Magie sind Entartungen des Sakraments und benennen seine mögliche dia-bolische Dimension.
18. Sakrament ist nur Sakrament im Horizont des Glaubens. Der Glaube, der lebendige Begegnung mit Gott und Annahme seiner im Leben des Menschen beinhaltet, stellt diese Begegnung vermittels von Gegenständen, Gesten, Worten und Personen dar. Diese Ausdrucksformen sind die Sakramente. Sie setzen den Glauben voraus, bringen ihn zum Ausdruck und nähren ihn. Da der Glaube Umkehr miteinschließt, ist das Sakrament nur wirksam und kommt nur zu seiner vollen Verwirklichung in der Welt, wenn es auch Umkehr ausdrückt und unentwegt zur Umkehr führt. Sakrament ohne Umkehr beschwört Verdammung herauf. Sakrament im Verbund mit Umkehr ist Erlösung.

1. Anmerkung: Das vorliegende Bändchen ist Teil einer Trilogie. In der ersten Veröffentlichung, *Minima Sacramentalia,* sollen in narrativer Sprache Struktur und Logik des sakramentalen Denkens behandelt werden, das jedem einzelnen Sakrament zugrunde liegt. Im zweiten Teil, *Maiora Sacramentalia,* soll dasselbe Material wieder aufgegriffen und in wissenschaftlicher, interdisziplinärer Auseinandersetzung besprochen werden. Es wird um die Frage gehen: Worin bestehen angesichts von wissenschaftlich-technischer Geisteshaltung und Säkularisierung, die ja die Charakteristika unserer Epoche ausmachen, genau sakramentales Denken und seine Rechtfertigung? Schließlich ist in einem dritten Text, *Practica Sacramentalia,* ein anthropologisch-theologischer Kommentar der gegenwärtigen sakramentalen Riten geplant. Er soll denen, die die Sakramente spenden, eine pastorale Hilfe bringen.

2. Anmerkung des Übersetzers: Der Autor bezieht sich auf seine 1970 bei Professor Leo Scheffczyk und Professor Heinrich Fries in München erstellte Dissertation: Die Kirche als Sakrament im Horizont der Welterfahrung (Konfessionskundliche und Kontroverstheologische Studien XXVIII), Paderborn 1972.

3. Anmerkung des Übersetzers: In vielen brasilianischen Städten befinden sich die Bäckereien in der Hand von Portugiesen oder Spaniern.

4. Anmerkung des Übersetzers: Mobral = Movimento Brasileiro de Alfabetização = Brasilianische Bewegung für Alphabetisierung. Vom brasilianischen Staat begründet, bedient sich der Mobral zwar einiger Techniken der

Methode von Paulo Freire, unterscheidet sich inhaltlich aber stark von seinen Vorstellungen der Bewußtseinsbildung. Nicht zu verwechseln mit dem MEB (Movimento de Educação de Base = Bewegung für Grunderziehung), der zur Zeit seines Arbeitens methodisch und inhaltlich von Paulo Freire inspiriert wurde.

5. *Anmerkung des Übersetzers:* Getíclio Vargas (1883 bis 1954) wurde 1930 durch Staatsstreich provisorischer Präsident mit diktatorischen Vollmachten und 1934 durch Wahl bestätigt. Er bemühte sich, auf autoritärer Grundlage soziale Reformen zu verwirklichen. 1945 zum Rücktritt gezwungen und 1950 erneut zum Präsidenten gewählt, versuchte er, seine Reformpolitik fortzusetzen. 1954 Rücktritt und – wahrscheinlich – Selbstmord.